誰もが認める実力店長シリーズ ⑤

実力店長の
売上・利益獲得編

ディー・アイ・コンサルタンツ 編著

はじめに

　店長にはやることがたくさんある。あれもしなければこれもしなければと考えながらも日々の業務に追われていることもたびたびである。いざ、何か新しいことに挑戦しようと思ったり、もっと今の職場を良くしようと思ったりしても、どうしてよいのか分からないことも多いのではないだろうか。

　この本に書いてあることは「あるべき論」ではない。店長が「すぐに使え、確実に効果がある」ものばかりである。現場で必要なこと、現場で悩んでいることをすぐに解決する内容である。結局は目の前のことが一つ一つ解決できなければ大きなことにチャレンジはしにくいだろう。この本を参考に、まずは目の前の課題を解決しよう。そのための具体的なやり方がこの本には書かれている。

　最初から読んでも良いし、自分の気になるところを読むだけでも構わない。とにかく気になったところから読み進めていこう。そして、参考になったものはすぐに活用しよう。必ず効果が出るはずだ。

　それでは早速一緒に考えていこう。

【基本的な考え方】

　本シリーズ全巻を通して基本的な考えがある。これだけは押さえておいて欲しい。このシリーズはこの考え方で一貫している。

《店長の仕事》

　「店長の仕事」とは一言でいうと何だろうか。それは、「適正な利益を確保し続ける」ことである。私たちの仕事は「利益」を獲得することである。それは、なぜだろうか。利益が確保することによってお店を存続させることができる。お店が存続するということは会社が存続することである。

また、利益を出すことによって新たなに出店し会社をより大きくすることが可能なのだ。会社が大きくなればそれだけ人を採用することもできるし、私たちの待遇もより良い方向に変えることができるのだ。また、利益を確保することによって税金を納め、税金を通して地域に貢献することができる。ゆえに、私たちの仕事＝責任とは利益を確保することである。

　ただし、ここでのポイントは「適正」な「利益」を確保することである。何が何でもムリして利益を出すことが大切なのではない。ムリのない状態で、言い変えるならば「お客様」「従業員（自分も含めて）」「会社」にムリやメイワクを掛けずに確保することが大切なのである。まずはこれを押さえて欲しい。

《利益のピラミッド》

　店長の仕事＝責任は「適正な利益」を確保することである。では、そのために必要なことは何だろうか。それは「売上」である。売上が横ばいや下がっているなかで利益を出し続けることは難しい。利益を無理なく出し続けるためには「売上」を上げていくことが必要なのである。

　「売上」を上げるためには何が必要だろうか。売上は店舗にお客様がもたらす。来られたお客様が何度も来店していただくことによって売上は維持向上されていくのだ。そのためには一度来られたお客様にもまた今まで来られていたお客様にも常に満足していただく、最低でも嫌な思いを感じさせないことが大切なのだ。そのために必要なのは「顧客満足」である。

　「顧客満足」を得るためにはどうすればよいのだろうか。あなた一人のお店であれば自分ひとりが気をつければ良い。だが、私たちは複数の人が集まって仕事をしている。すると時にはお客様に不満を与えてしまうこともあるだろう。それを解消するために必要なのは「教育・訓練」である。一人ひとりトレーニングを行うことである。「教育・訓練」で何を教えるのかと言えば「会社の理念（経営理念・企業理念）・店舗方針・お店のスタンダード（当たり前のことを当たり前にする）」である。難しく考えることはない。会社・

図表1　利益のピラミッド®

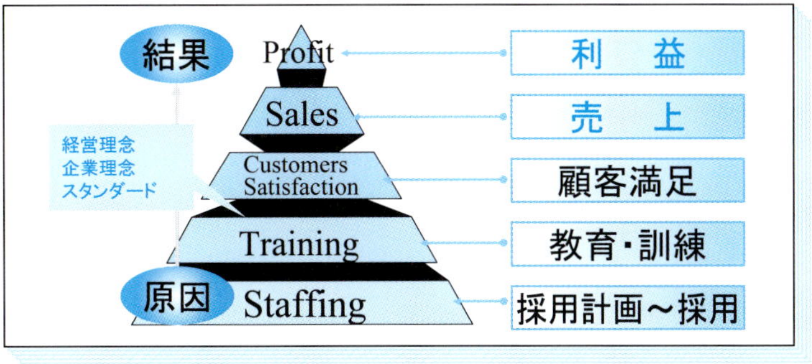

結果
- Profit　利　益
- Sales　売　上
- Customers Satisfaction　顧客満足

原因
- Training　教育・訓練
- Staffing　採用計画～採用

経営理念
企業理念
スタンダード

店舗の考え方を繰り返し伝えるのとやらなければならないことを教え実行させることである。

「教育・訓練」をする前に大切なのは「人の確保＝採用・定着」である。適正な人数がいなければ教育・訓練もままならないし、顧客満足も得られることはない。最初は「採用」である。

図表1のように「適正人数を確保しやめさせない」。その上で「教育・訓練」をし「顧客満足」を得続けるお店にすることで、結果「売上」「利益」を確保することができるのだ。私たちに求められるのは「利益＝結果」である。結果を出すためには、採用、教育を徹底しておこなうことが大切なのだ。このシリーズではこの利益のピラミッドに基づいて構成されている。今回は最後の「顧客満足・売上・利益」に目を向けて進めていこう。ただし、「採用・定着」「教育・訓練」がされていることが大前提だ。

【本書の使い方】

　本書は自分の解決したい箇所だけ読んでも構わない。最初から読み進める必要はない。知りたいこと、解決したい箇所のみ読み進めて欲しい。ただし、良い結果を出すためには行動することだ。本書の中の全てを実行する必要もない。自分が気になったものだけでも取り組んで欲しい。一つずつ進めることである。

　本書は大きく３つの内容になっている。

《読み物》

　テーマに対して「基本的な考え方」⇒「具体的な進め方」⇒「まとめ」⇒「ポイント」で構成されている。考え方から読み始め、具体的な進め方では全てではなく気になるところのみ読んで欲しい。その際にポイントを押さえることだ。

《ツール》

　テーマに対して効果のでるツールの紹介である。読み物を読んでからツールを活用するとより効果が発揮できる。ただ、このツールのみを活用しても効果があがる。気になったものはどんどん活用していこう。

《行動すること》

　繰り返しになるが、行動することで結果が出る。ぜひ気になったものから実践して欲しい。図表をふんだんに載せているのでそのまま活用してもらっても構わないし自分なりのやり方に変えてもらっても構わない。とにかく行動することだ。

本項目のねらい

　この本では皆さんと一緒に「売上アップ・利益獲得」について考えていく。売上アップも利益獲得も難しいことではない。店舗でひとつずつ実行して行くことだ。

　そこで、
　① 顧客満足を獲得するスタンダード向上法
　② 売上アップ法
　③ 利益獲得法
について一つずつすすめていく。

　①〜③までを別々に見ていくのではなく、連動してはじめて結果が出る。そして、この第5弾は最後の仕上げである。今までの土台を作り上げておくことが成果につながるポイントになる。そのうえでひとつずつ取り組んでほしい。

●目　　次●

はじめに ……………………………………………………………… 1

Ⅰ　スタンダード向上
　　～お客様に満足していただき
　　　リピートリターンしてもらうために～

　1　お客様と信頼関係を作る5ステップ…………………………… 12
　　　「お客様との良い関係を作りリピーターを増やす方法」
　2　お客様の声を聞き顧客満足度を高める ……………………… 22
　　　「実力店長が行うお客様の声（情報）の集め方と活用法」

すぐに使える簡単ツール①：おほめポスター …… 43

すぐに使える簡単ツール②：グラッチェシート …… 46

　3　クレームを未然に防ぐ店づくり ………………………………… 49
　　　「店長が行うクレーム未然防止策」

すぐに使える簡単ツール③：クレーム未然防止シート …… 70

すぐに使える簡単ツール④：クレーム対応手順書 …… 73

Ⅱ　売上アップ法
～店長が店舗で行う売上アップの取り組み～

　　4　週1回の売上ミーティング ……………………………… 78
　　　　「予算達成のためのミーティング法」
　　5　競合店対策 ………………………………………………… 88
　　　　「競合店調査から売上アップに結びつける方法」
　　6　売上アップのために店舗の認知度を高める …………… 101
　　　　「店長が行う新規のお客様の集め方」

すぐに使える簡単ツール⑤：チラシマップ …… 116

すぐに使える簡単ツール⑥：販売促進進捗ボード …… 119

すぐに使える簡単ツール⑦：店舗外観チェックシート …… 122

すぐに使える簡単ツール⑧：成功事例集 …… 125

Ⅲ 利益獲得法
～利益を獲得するための経費コントロール～

7　利益アップのための業務改善 …………………………………… 130
　「店長が行う業務改善を通しての人件費コントロール」

8　店舗から徹底的に無駄を排除するチェック …………………… 144
　「店舗で利益を獲得する」

| すぐに使える簡単ツール⑨：ON・OFF システム …… 158 |

| すぐに使える簡単ツール⑩：ロスチェック表 …… 160 |

チェックシート ……………………………………………………… 163

おわりに ……………………………………………………………… 165

Ⅰ　スタンダード向上

～お客様に満足していただき
リピートリターンしてもらうために～

Ⅰ　スタンダード向上

1　お客様と信頼関係を作る5ステップ
「お客様との良い関係を作りリピーターを増やす方法」

　私たちのお店はお客様が繰り返し来ていただけるから存続することができる。新規のお客様にどんなに多く来ていただいたとしても、そのお客様が一回限りで来なくなってしまうのでは、ざるで水をすくうようなものだ。一度来られたお客様に何度も足を運んでもらうためには、店長をはじめとする店舗スタッフとお客様とが良い関係を作れるかどうかがポイントとなる。そして、店長は良い関係がつくれ、お客様に不満を与えない環境をつくることである。

【基本的な考え方】
　売上を上げていくためにはお客様の数を増やしていくことである。客数を増やすためには新規のお客様に来ていただくことと、もう一つは一度来られたお客様に繰り返し足を運んでいただくことである。両方を同時に行っていくことだが、店長としてはリピーターをどれだけ作れるかが鍵である。
　リピーターが増えればお店の売上も安定してくる。反対にリピーターが減れば売上は不安定になる。いかにリピーターを増やせるかがポイントである（図表2）。

【コミュニケーション】
　リピーターを増やすには来られたお客様に不満を感じさせない（嫌な思いをさせないこと）とともに関係を作っていくことである（図表3）。どんなに商品の品揃えが充実しているお店や、料理が美味しいお店でも、働いてい

1　お客様と信頼関係を作る5ステップ

図表2　一度来られたお客様がリピーターになられると……

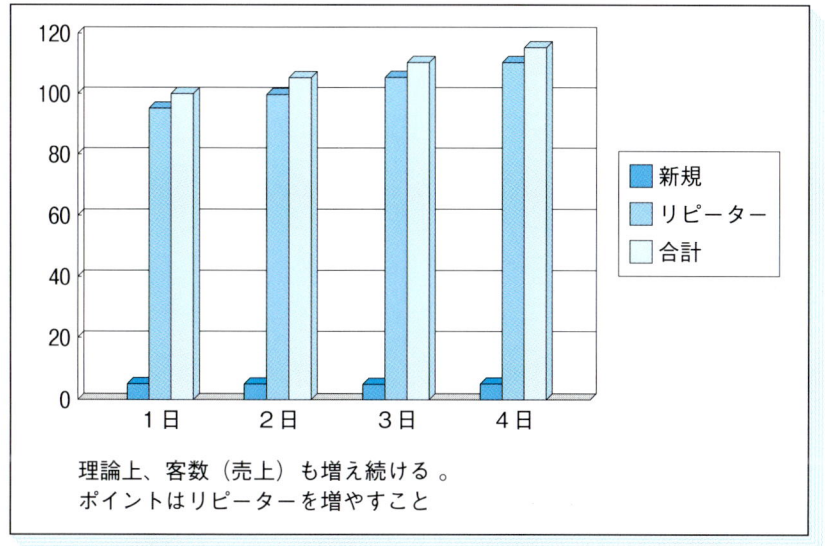

理論上、客数（売上）も増え続ける。
ポイントはリピーターを増やすこと

図表3

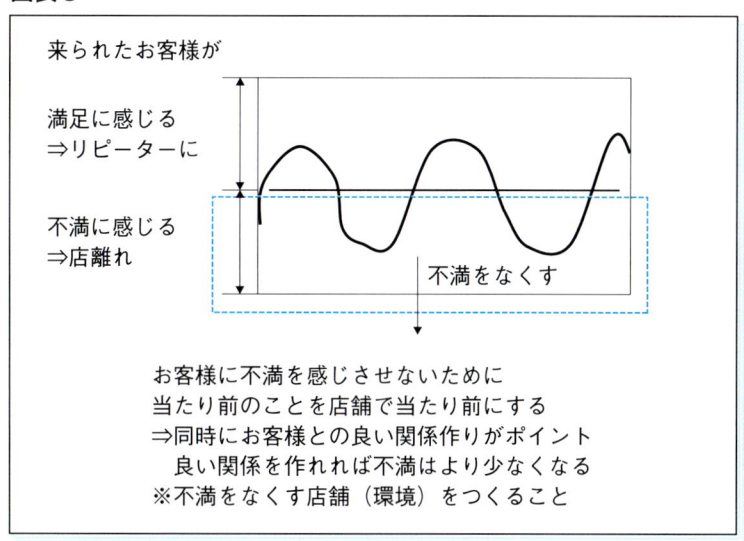

来られたお客様が

満足に感じる
⇒リピーターに

不満に感じる
⇒店離れ

不満をなくす

お客様に不満を感じさせないために
当たり前のことを店舗で当たり前にする
⇒同時にお客様との良い関係作りがポイント
　良い関係を作れれば不満はより少なくなる
※不満をなくす店舗（環境）をつくること

I　スタンダード向上

る人たちの対応が悪ければあまり足を運ばないだろう。

あるデータによると女性のお客様が店舗で不満に感じることの1位は「店員が無愛想」であり、満足するポイントは「店員のあいさつが行き届いている」ことである。最終的には人と人との関係作りが大切なのである。あなたも無意識のうちに繰り返し行くところはあいさつがしっかりしている、言ったことに答えてくれるお店、あたり前のことをあたり前にしているお店、不満を感じない所を選んでいるのではないだろうか。

図表4をチェックしてみよう。リピーターづくりができる関係をつくれているだろうか。リピーターづくりの達人はお客様との関係をつくるのが上手である。関係をつくった上でさまざまな取組みを実行することでより多くの人をリピーターにしているのだ。

図表4　チェックリスト※当てはまるものに○をつけてみましょう

1	お客様に話しかけることは少ない	
2	ついついあいさつをしないことがある	
3	お客様の話を聞いているようで他のことを考えていることがある	
4	仕事をキチンとしていればお客様に話しかける必要はないと思う	
5	お客様の話を途中でさえぎってしまうことがある	
6	お客様の話が自分の意見と違う時にはうっかり「ですが」「でも」と否定してしまう	
7	できればあまりお客様と関係を持ちたくない	
8	気付くと「できない」「ムリだ」と否定的な考えになっている時がある	
9	話しをするのが苦手である	
10	どう接して良いのかがわからない	

※○がひとつでもついたならちょっと変えることでもっとお客様をリピーターにすることができます。

【良い関係づくり】

良い関係づくりは難しいことではない。良い関係をつくる方法を知って実践するだけである。これから見ていく方法はお客様だけでなく、一緒に働いているスタッフに対しての人間関係作りにも有効である。お客様のところを

スタッフに置き換えるとそのまま活用できる。お店のスタッフとの関係がつくれない店長はお客様ともつくれない。お客様と店舗スタッフの両方で良い関係をつくることである。

では良い関係をつくる方法を見ていこう。

関係づくり１：きっかけづくり

　良い関係を作るには段階がある。最初に取り組むことは関係をつくる「きっかけをつくる」ことだ。きっかけ作りは「あいさつ」をすることである。とても単純なことだが、これが常にできているかどうかが関係作りの鍵になる。

　あなたがお店のスタッフに「おはよう」と声を掛けたとしよう。それに対して相手が「おはようございます」と言ってくれたらどう感じるだろうか。反対に「おはよう」と言ったにも関わらず「……」と返事が返ってこなかったらどうだろうか。「何で返事をしないんだ」と怒ったり、「気に障ることを何か言ったかな」と不安に感じてしまうだろう。

　いずれにせよ、無視されて良い思いはしない。「あいさつ」とは大げさに言えば相手の存在を認める行為である。これが基本である。つまり、あいさつや返事をきちんとすることが基本となる。また、お客様に呼ばれたならば「はい」とか「少々お待ちくださいませ」と即座に返事をすることだ。あなただけでなく、周りもあいさつが徹底できていることがポイントになる（図表５）。

図表５　人間関係作り１：きっかけづくり

1	お客様に常に自分からあいさつをする	⇒あいさつは関係作りの基本です。あいさつをしないことは無視することになります。
2	お客様に呼ばれたらすぐに返事をする	⇒呼ばれたり、声を掛けられたりした時にすぐ返事をしないと無視されたと感じさせてしまいます。

関係づくり２：一歩近づく

　きっかけをつくったならば、次の段階は相手に一歩近づくことだ。そのためにはお客様に話しかけることだ。「いつもありがとうございます」「どれがお好きですか」「なにかお探しですか」と質問をするのもひとつ、また、天気など当たり障りのないことでも声を掛けてみよう。声をかけることによって相手に近づくことができる。

　さらに近づくにはお客様の名前を覚え名前で呼びかけることだ。名前で呼ぶことができれば相手は無意識に認めてもらっている（特別な存在）と感じることができる。また、話しかけるのが苦手であったら「いつもありがとうございます」と一言添えるだけでもきっかけが作れるだろう（図表６）。

図表６　関係作り２：一歩近づく

1	お客様に話しかける	⇒お客様に近づくには話しかけることです。難しく考えずに話しかけてみましょう。
2	お客様に名前を覚え名前で呼びかける	⇒「名前」で呼ばれるとお客様は特別な存在と感じてくれます。特別な存在と感じればそれだけあなたとの関係が作れるのです。

関係づくり３：信頼関係をつくる

　お客様と話す時間はそれほど長くない。どちらかと言うとちょっとした短時間のことが多い。お客様にリピーターになっていただくには短時間でも信頼関係をつくることである。では、どうすれば信頼関係がつくれるのだろうか。

　それは一言でいうと「相手に合わせる」ことである。私たちは「この人ちょっと違うな」と思う人には積極的に近づかない。「この人は自分と似ているな」と感じるから近づこうと思うのだ。お客様に合わせることができれば自分に近い人と感じてもらえ短時間で信頼関係をつくることができる。

　例えば、あなたが初めて会った人と会話した時に、出身地が一緒だったり趣味が一緒だと話が弾む。また、子どもに対して話しかける時にはどうして

いるだろうか。おそらく無意識に子供の視線に合わせて話しかけているだろう。

　短時間で信頼関係が作る方法は二つである。一つはお客様が話された内容を繰り返すことと視線を相手に合わせることだ。お客様から「今日は雨ですね」と声を掛けられたら「雨ですね」と返したり、「この料理が好きなんですよ」と言われたら「この料理がお好きなのですね」と返したりすることだ。お客様が言ったことを繰り返すことで自然とお客様は自分と似ているという気持ちになる。ただあまりに意識をすると会話そのものがおかしくなるのでタイミングをみて使うようにしよう。視線を合わせることで相手は自分に合わせてくれていると無意識に感じることができる（図表7）。

図表7　関係作り3：信頼関係をつくる

1	お客様の言われたことを繰り返す	⇒お客様がおっしゃられたことを繰り返してみましょう。お客様は自分と意見が一緒と感じあなたが近い存在と感じるでしょう。
2	お客様の視線に合わせる	⇒お客様の視線に合わせることでより近い存在と感じさせることができます。話しを聞くときには相手を見て聞くことも大切です。

関係づくり4：信頼関係の強化

　信頼関係をつくりながら、その関係を強化していくことである。強化するにはお客様を受け入れることである。受け入れることの基本は「聞くこと」と「否定をしないこと」だ。聞くとはお客様の話を最後まで聞くことである。

　お客様がおっしゃっていることが自分の考えや意見と違っていても「なるほど」「そうなんですね」「そう思われているのですね」と受け入れることである。少しでもお客様は否定されたと感じればお店から足が遠のくだろう。

　また、お客様に「質問」や「提案」をしてみよう。「この料理はいかがでしたか」「こちらがお勧めですよ」と伝え、お客様に話をしてもらうことだ。あなたが話をするのではなく、お客様に話をしてもらうことでより関係は強

化されていく（図表8）。

図表8　関係作り4：信頼関係の強化

1	お客様の話を最後まで聞く	⇒お客様の話は最後まで聞きましょう。途中でさえぎると強く否定されたと感じてしまいます。忙しくてどうしても後にしてもらいたい時にはそのことを伝えましょう。
2	お客様の言われたことに否定はしない	⇒お客様がおっしゃっていることがあなたの考えと違ってもまずは受け入れましょう。「そうではなくて」「でも」といった言葉にも注意しましょう。
3	お客様に質問・提案をする	⇒会話をし会話が続けば関係はより強くなります。お客様に質問や提案をしてできるだけお客様に話をしてもらうようにしましょう。

関係づくり5：前向きな言動

　お客様との関係が築けて何度も接するようになると、あなたの気持ちがお客様に伝わっていく。常に前向きな言動をしていればお客様にもそれが伝わり、後ろ向きであればお客様にもそれが伝わってしまう。たとえ言葉にしなかったとしても相手に伝わってしまうのだ。
　そのためには「できません」「ムリです」という言葉を使わない。また、自分が言ったことは必ず守ることだ。この2つを徹底するだけでも変わって

図表9　関係作り5：前向きな言動

1	「できません」「ムリです」を言わない	⇒「できません」「ムリです」と言うのは簡単です。ですがこれらの言葉を繰り返し使っていると知らず知らずに言葉にしなくても後ろ向きな人と見られてしまいます。常にできる方法を考えていくようにしましょう。
2	自分が言ったことは守る	⇒周りが見ているのはあなたが何を言ったかではなくどう行動したかです。あなたが言ったことは必ず守るようにしましょう。常に日頃の言動がお客様の前でも出てしまうのです。

くるだろう。最終的にお客様との良い関係を継続していくには、あなたの気持ちが大切である（図表9）。

【周りに伝える】

今まで見てきた「関係づくり1〜5」を段階を踏んで進めるのではなく、同時に進めていくことだ。

お客様との関係はちょっとしたことの積み重ねでできるのだ。あなたができるようになったならば、周りのスタッフもできるようにしていこう。その時にはやり方を教えるだけでなく、どうしてそうしなければいけないのか理由も伝えるようにする。理由がわかれば人は継続していく。あなたひとりよりも一緒に働いているスタッフもできるようになれば、あなたのお店全体でリピーターづくりができるようになるだろう（図表10）。

図表10　チェックリスト

		自分自身	スタッフ
1	お客様に常に自分からあいさつをする		
2	お客様に呼ばれたらすぐに返事をする		
3	お客様に話しかける		
4	お客様の名前を覚え名前で呼びかける		
5	お客様の言われたことを繰り返す		
6	お客様の視線に合わせる		
7	お客様の話は最後まで聞く		
8	お客様の言われたことに否定はしない		
9	お客様に質問・提案をする		
10	「できません」「ムリです」を言わない		
11	自分が言ったことは守る		

あなた自身ができるようになったら○をつけていきましょう。
そして、周りのスタッフができているかも定期的にチェックしてみましょう。
一つでも○が増えれば確実にリピーター作りのお店に近づいています。

【仕組み（流れ）にする】

　あなたとスタッフ一人ひとりが意識するだけでなく、お店では仕組み（流れ）にすることだ。図表10のチェックリストの項目を参考に、

　①　出勤時の仕事の最後にできていたか自己チェックする
　②　店長がチェックし、できているところはほめる
　③　1ヶ月ごとに、できている人を皆の前でほめる

など、流れにすることで継続してできるようにすることだ。

　継続して行えれば、あなたのお店の風土になり、新しく入ってきたスタッフは自然とできるようになっていく。結果としてお店全体でできるようになるのだ。

【まとめ】

　お客様にリピートしてもらうには、あなたが良い関係を作れるかどうかである。良い関係は難しいことではなく、ちょっとしたことの積み重ねである。そのためには積極的に声を掛け、相手を受け入れることだ。そして、関係を継続していくには、あなた自身が前向きな言動を常にすることである。

　信頼関係がつくれればお客様にとって良いお店となり、何度も足を運んでくれるだろう。

　リピーター作りの基本はお客様一人ひとりとの関係作りである。まずはあなたが実践し、次には周りのスタッフにもできるようにしていく。最後は店舗全体で継続して取り組めるように仕組み（流れ）にしよう。関係が作れるお店はリピーターを増やせ安定した売上もつくれるようになる。

《ポイント》

1　お客様との関係をつくる方法を理解する

　リピーターづくりのポイントはお客様一人ひとりと関係をつくることである。そのためにはどうすれば良いのか、関係をつくる方法を理解しよう。

2　自分自身が実践する

　理解したならば実践する。まずはあなた自身がやってみよう。知っていてもやらないのでは意味がない。また、あなたが行動しなければ周りはもっとしないだろう。

3　スタッフにも実践してもらう（仕組みにする）

　あなたができるようになったならば、周りのスタッフもできるようにしていこう。あなただけでなく、周りもできるようになればそれだけ関係作りのできるお店、リピーターの多いお店になっていく。

I　スタンダード向上

2　お客様の声を聞き顧客満足度を高める
「実力店長が行うお客様の声(情報)の集め方と活用法」

　「お客様の立場になって」「お客様の視点で」とはよく言われることである。また、私たち自身もお客様の立場や視点で自分のお店を見ることが大切なことはよく知っている。

　では、お客様の視点にはどうすればなれるのだろうか。簡単で確実なのは「お客様の声（情報）を集める」ことである。お客様がいろいろなことを教えてくれるのだ。

【基本的な考え方】

　私たち店長の仕事（責任）を一言で言えば「店舗で適正な利益を確保する」ことである。適正な利益を確保できなければ店舗を存続させることすら難しくなる。適正な利益を確保するには「売上」が必要である。では誰が売上を店舗にもたらすのだろうか。当たり前だがそれはお客様である。お客様がお店を利用してくださることによって売上がつくられていく（図表11）。

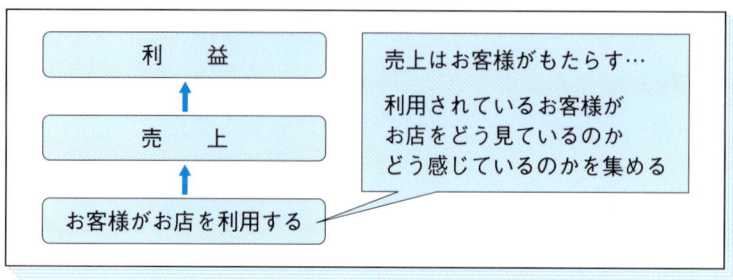

2　お客様の声を聞き顧客満足度を高める

　何度も利用してもらうためにも「お客様のことを知る」ことはとても大切なことである。お客様を知るにはお客様の声を集めることである。

【お客様の声を集める】

　あなたはお客様の声を集めているだろうか。図表12をチェックしてみよう。もし、集めていないならばお客様のことをよく知ることに取り組んでみよう。もっとお客様の声を拾い上げるようにしていくことだ。

図表12　チェックリスト※当てはまるところに〇をつけてみましょう

1	お客様の声を集めることをしていない	
2	お客様の声を集めても活用していない	
3	お客様の声の集め方がわからない	
4	お客様の声を活用して全体のモチベーションが下がったことがある	
5	お客様の視点や立場に立ってと言いながら具体的なことをしていない	
6	お客様に聞くよりも自分で考えてしまうことが多い	
7	スタッフがお客様のちょっとした態度等にも気付かないことにいらだちを感じることがある	
8	お客様の要望に気付く人と気付かない人がいる	
9	お客様と自分の考えに時々ギャップを感じる	
10	お客様の声ではできていない指摘だけを活用している	

※〇がひとつでもついたならばお客様の声をより活用することで結果が出ます。

　私たちは案外お客様のことを知っているようで知らないことが多い（図表13）。例えば、あなたのお店の競合店はどこだろうか。この質問に対して答えはすぐにでてくるだろう。では、本当にそこは競合店なのだろうか。もしかすると、自分のお店に近いからとか同じ業種・業態だからとかという理由で自店の競合店と考えたのではないだろうか。本当にそこが自分のお店の競合店かどうかを見極めるためには「お客様に直接聞く」ことである。私たちがあれこれ考えるよりも聞く方が早く確実なのだ。私たちが考えていること

Ⅰ　スタンダード向上

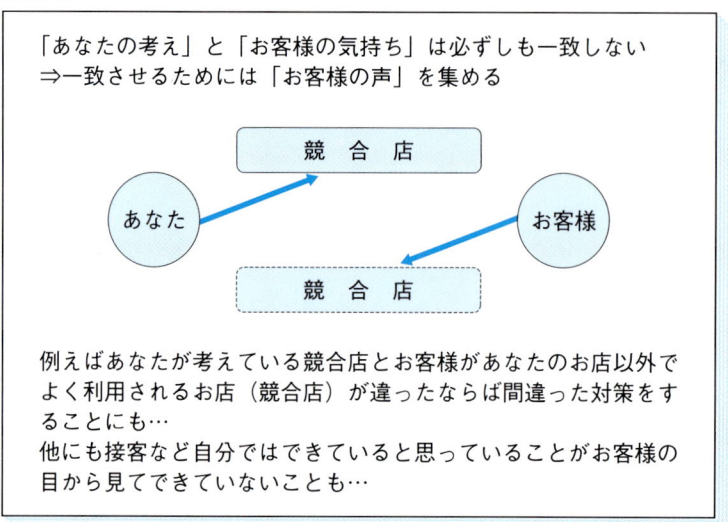

図表13

とお客様が本当に考えている（思っている）こととは実は違うことがある。

　このギャップから本当のお客様の視点や考え方と違った対策や行動をしてしまっていることもあるのだ。このギャップを解消するためにもお客様の声を集めることは必要である。

【お客様の声の集め方と活用法】

　お客様の声を集める方法はたくさんある。だが「お客様の声」を集めることがゴールではない。自分のお店をよりよくするために「お客様の声」を活用することである。ここを間違えないで欲しい。ではお客様の声の集め方と活用法をみていこう（図表14）。

《1：アンケートハガキ》

　よく見受けられるのはお客様に対してアンケートハガキにご意見を書いていただくものである（図表15）。アンケートハガキを作成し、レジのところ等に置いてご意見を聞くようにする方法である。

図表14

※ゴールを間違えないこと
ゴールが…お客様の声を集める
ゴールが…自店を良くする
ゴールを達成する為にお客様の声を集める
結果がでない
結果がでる
とりあえずお客様の声を集めるでは、集めてもムダ、やらなくてもいいということに……
継続してお客様の声を集めていくよりよい結果につながる

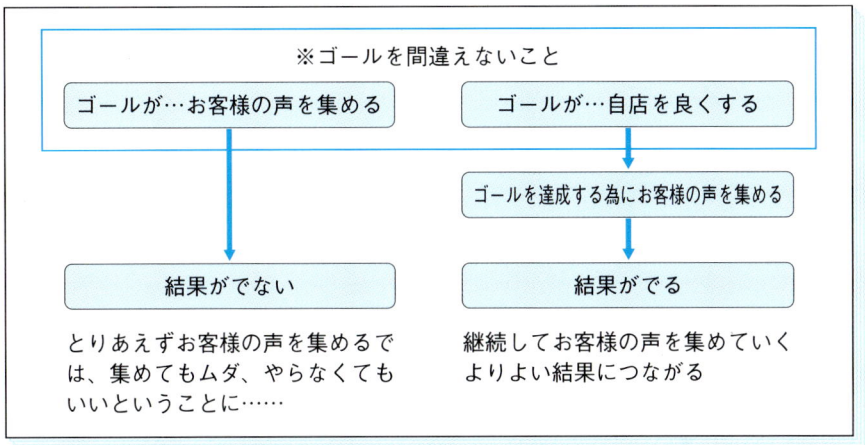

図表15

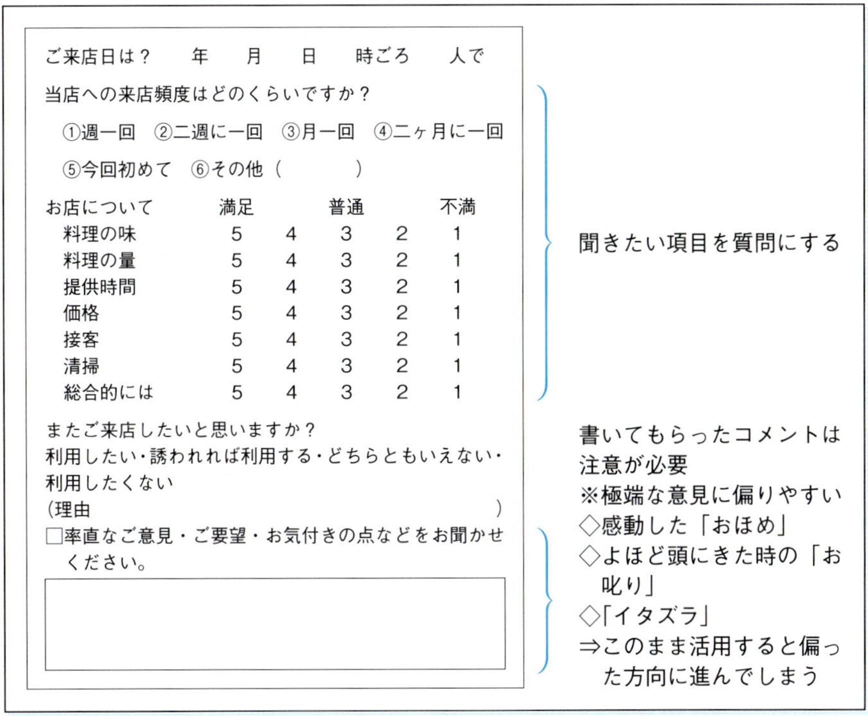

ご来店日は？　年　月　日　時ごろ　人で
当店への来店頻度はどのくらいですか？
①週一回　②二週に一回　③月一回　④二ヶ月に一回
⑤今回初めて　⑥その他（　　　）
お店について　満足　普通　不満
料理の味　5　4　3　2　1
料理の量　5　4　3　2　1
提供時間　5　4　3　2　1
価格　5　4　3　2　1
接客　5　4　3　2　1
清掃　5　4　3　2　1
総合的には　5　4　3　2　1
またご来店したいと思いますか？
利用したい・誘われれば利用する・どちらともいえない・利用したくない
(理由　　　　)
□率直なご意見・ご要望・お気付きの点などをお聞かせください。
聞きたい項目を質問にする
書いてもらったコメントは注意が必要
※極端な意見に偏りやすい
◇感動した「おほめ」
◇よほど頭にきた時の「お叱り」
◇「イタズラ」
⇒このまま活用すると偏った方向に進んでしまう

I　スタンダード向上

　このやり方は簡単にお客様の声を聞ける反面、意見が偏りやすいというデメリットがある。書かれるご意見がお店を利用して満足してとても良かった「おほめ」か利用してとても頭にきた時の「お叱り」や「イタズラ」が多くなってしまう。この場合、意見をそのまま取り入れることは難しい。参考程度にすることである。

『アンケートハガキ活用法』

　アンケートハガキの活用法は大きく2つ。書いてもらったお客様の声に対してフィードバックをして信頼関係を築くこと、もうひとつはおほめを貼り出すことである。

　お叱りや提案については、できる・できないを含めてお客様にフィードバック（回答）しよう（図表16）。書いてもらうだけ書いてもらって何も反応しなければ無視したことになり、よけいにお客様の不満を募らせる。回答することでお客様は書いたことに反応してくれたと感じて好印象になるのだ。

　また、アンケートハガキからおほめだけを抜き出して貼り出すことでお客様の喜びの声を皆に伝えよう。自分のしたことや自分のお店のことでお

図表16

書いてもらったコメントには
フィードバック（回答）をする
⇒お客様との信頼関係を築く
　書いたことに反応してくれたと感じお
　店に対しての好印象に
⇒フィードバックしなければ書いたのに
　無視されたと悪い印象に

図表17

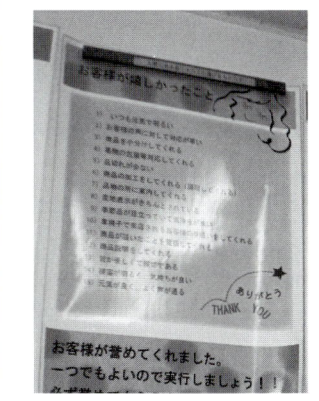

おほめのコメントのみを集めてポスターにする
⇒モチベーションアップ
⇒ほめられた行動の継続

客様から喜ばれることはモチベーションアップにつながっていく。また、喜ばれた項目を継続しやすくなるのだ（図表17）。

《2：聞き取りアンケート》
　聞き取りアンケートは、文字通り直接お客様から聞く方法である。先ほどの競合店の例もそうだが、案外私たちが考えていることとお客様の思っていることには少なからずギャップがある。実際に店舗での販売促進等の方向性を決めるときに役立つ。
　お客様から何を聞きたいのかそれをどのように活用するのかを決めてアンケート内容を作成しよう（図表18）。アンケート用紙を作成したならば実際にお客様にお声掛けをしてアンケートをとる。ポイントは、短時間でお客様が答えやすいように、ある程度内容を絞りこんでおくことである。自由な回答を求めるといろいろな答えが返ってきて、かえってややこしくなるし、お客様が答えてくれないことが多い。
　アンケートをとる時のポイントは、
　① 「曜日別」に行う……特定の曜日に偏らない
　② 「時間帯別」に行う……特定の時間に偏らない⇒①②は客数の多い時

Ⅰ　スタンダード向上

図表18

```
                                                     お客様アンケート用紙
                     ①利用顧客
目測事項：男・女・両方　　人数　　年齢　　客層
問1：当店へいらっしゃる直前、どちらにいらっしゃいましたか？ ──── ②来店範囲
問2：直前にいらっしゃった場所からの交通手段は何ですか？
　　　①徒歩　②自転車　③バイク　④車　⑤バス・タクシー　⑤その他  ③来店手段
問3：当店への来店頻度はどのくらいですか？ ──────────── ④来店頻度
　　　①週に一回　②月一回　③三ヶ月に一回　④半年に一回　⑤今回初めて　⑥その他
問4：当店をお知りになったきっかけは何ですか？（以下より一つお選び下さい。） ⑤認知経路
　　①雑誌を見て　　　②看板から　　　　　　③チラシやダイレクトメールから
　　④新聞を見て　　　⑤通りがかりに店を見て　⑥パンフレットを見て
　　⑦テレビラジオから ⑧インターネットから　⑨知人・友人からの口コミで　⑩その他
問5：店にお越しくださった理由をお答えください。（以下より三つお選び下さい。） ⑥来店動機
　　①雰囲気が良い　　　②駐車場が利用しやすい　③魅力的なキャンペーンを実施している
　　④世間での評判がよい　⑤従業員の接客態度がよい　⑥味が良い
　　⑦利用に便利な場所にある（近い）⑧利用者に対する特典がある　⑨インターネットでの情報提供が充実
　　⑩価格に割安感がある　⑪メニューの品揃えが豊富　⑫その他
問6：当店以外によくご利用になる飲食店はどちらですか？ ──────── ⑦競合店

アンケートへのご協力ありがとうございました。
```

お客様に選んでもらえる内容にするとアンケートがとりやすい

にアンケートも多く、客数の少ない時にはアンケートも少なくする。できるだけ売上のある（客数が多い）時に多くとるようにしよう。

③　「年齢・性別」に制限をつけない代表性のあるアンケート、つまりあなたの店舗を利用されているお客様の大多数が感じていることを聞き出すようにすることだ。またアンケートは業務の片手間に行うのではなくアンケートをとるだけの店舗スタッフを置くようにすると短期間でとりやすい。実施期間（1週間～2週間）を決めて取り組むととりやすい。アンケートの件数は最低1日100件以上で、多ければ多いほどよい。

このアンケートの場合のポイントは、必ず集計し今後どう生かしていくの

かを考えることである。実際にお客様の生の声から販売促進に活用する。また、この聞き取りアンケートの場合には直接聞くことでお客様の答える態度や雰囲気から真意を知ることができる。お客様と直接コミュニケーションをとることにより、お客様の店舗に対する親近感が沸く（ファンになりやすい）。

『アンケート活用法』

　お客様の声を集めたならばその内容を販売促進に生かそう（図表19）。例えば、来店範囲ならばお客様がどこから来るのかを聞きだし、特定できたならそこでチラシを配布する。また、来店動機ならば自分のお店に来る理由も特定し、味であるなら味を強化する、接客であるなら接客を強化するなど、それぞれの項目から実際の行動に結びつけることである。

　聞き取りアンケートの活用は具体的に何をするのか行動レベルにまで落とし込むことで結果が出る（図表20）。

図表19

①利用顧客
⇒お店を利用される客層がわかったならばその客層に合わせた集客行動を考える。
②来店範囲を知る質問
⇒どこから来るのかがわかったならばその場所での集客行動を考える。
③来店手段を知る質問
⇒何で来店されるのかがわかったならばその来られる手段にあった集客方法を考える。
④来店頻度を知る…お店には何回来られるのか？
⇒来店頻度がわかったならば頻度をあげる方法を考える。
⑤認知経路を知る…お店を何で知るのか？
⇒何でお店を知るのかがわかったならばよりアピールする方法を考える。
⑥来店動機を知る…お店になぜ来るのか？
⇒来られる動機がわかったならば強化する方法を考える。
⑦競合店を知る…競合店は？
⇒競合店がわかったならば競合店対策を考える。

それぞれの項目から今後の活動を導き出す。

I　スタンダード向上

図表20　お客様アンケート集計結果と行動計画（例）

⑤認知経路
□問5：当店をお知りになったきっかけはなんですか？

項目	件数	構成比
雑誌を見て	3	0.8%
看板を見て	5	1.3%
チラシやダイレクトメールから	32	8.6%
新聞を見て	4	1.1%
通りがかりに店を見て	240	64.7%
案内板から	17	4.6%
テレビ・ラジオから	4	1.1%
インターネットから	0	0.0%
知人・友人からの口コミで	66	17.8%
合計	371	100.0%

■このデータからわかることを書いてください
『通りがかりに店を見て』が64.7%と一番多い

■このデータから行動することを書いてください
道路から見えるような季節商品のPOPやのぼりを出す

⑥来店動機
□問6：当店にお越しくださった理由をお答えください。

項目	件数	構成比
雰囲気がよい	102	13.8%
魅力的なキャンペーンを実施している	2	0.3%
付近に駐車場が豊富	6	0.8%
世間での評判がよい	12	1.6%
従業員の接客態度がよい	72	9.8%
品質の高いものが充実している	13	1.8%
利用に便利な場所にある	252	34.1%
利用者に対する特典がある	3	0.4%
インターネットで情報提供が豊富	0	0.0%
価格に割安感がある	20	2.7%
品揃えが豊富	48	6.5%
味がよい	203	28.2%
合計	733	100.0%

■このデータからわかることを書いてください
『利用に便利な場所にある』が約40%と多く、ついで『味がよい』、『雰囲気がよい』である

■このデータから行動することを書いてください
『味』でのバラツキをなくす。接客・掃除を徹底する

《3：お客様調査》

　実際にお客様に店舗を客観的に見てもらう。外部の顧客満足度調査（ミステリーショッパー）という形で行う方法と店舗を利用されているお客様に調査員として自店舗を見てもらう方法がある。今回は店舗でできる方法をみていこう。

　お店にこられるお客様に案内文（図表21）を出して調査の協力をしてもらう。調査内容は難しくなく、お店を普通に利用して調査シート（図表22）にて客観的にチェックしてもらう。調査シートは店舗でできていなければならない当たり前のことができているかどうか（お客様に不満を与えない状況かどうか）を判断する「はい、いいえ」とお客様の意見をフリーで書いてもら

図表21

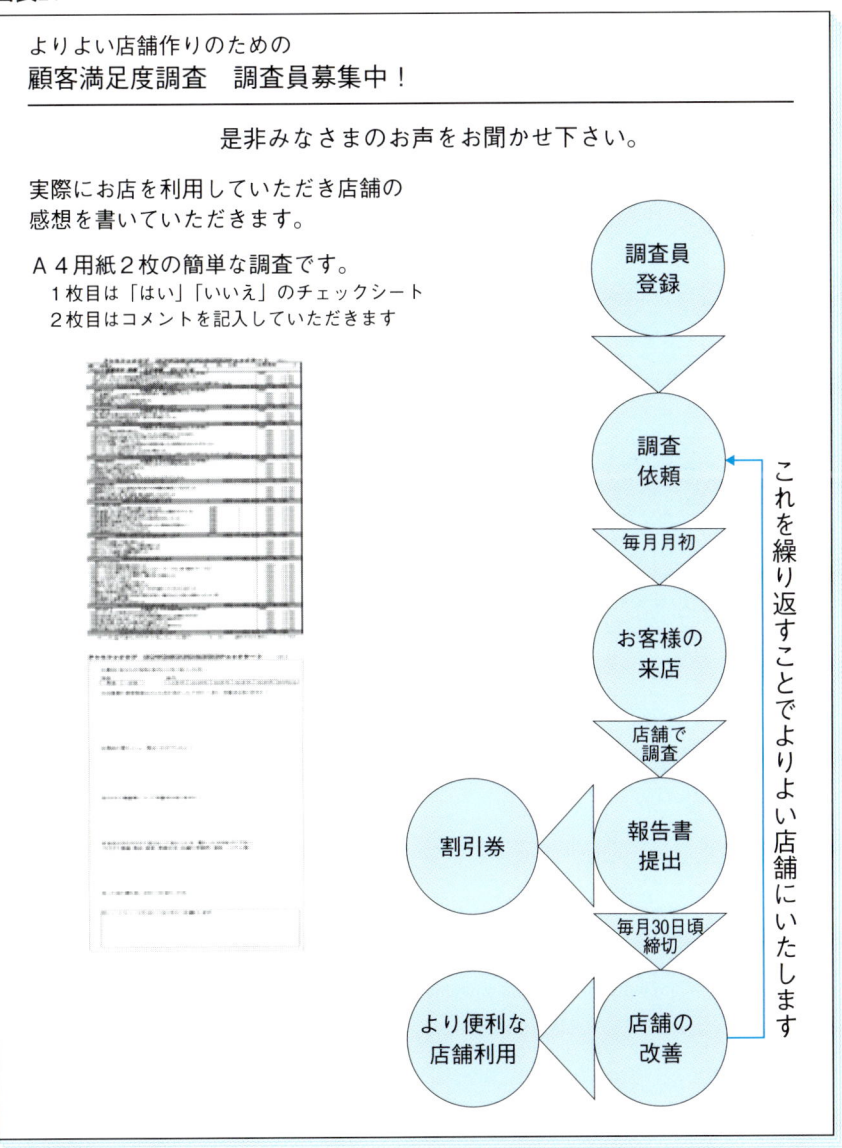

Ⅰ　スタンダード向上

図表22－1　お客様チェックシート（飲食店用）

お客様チェックシート

店名：	訪問日／時間　　月　　日　　時　　分頃	従業員数　　人
混雑具合：混雑・半分位・空いている		

	【お出迎えとご案内】　　　※接客した方の名前を記入してください。	名前「　　　　」
1	店に入ったらすぐに従業員が出迎えてくれた	《はい・いいえ》
2	「いらっしゃいませ」はお客さまの方を見て笑顔で言っている	《はい・いいえ》
3	案内の際にテーブルに手を差し伸べてくれた（「こちらの席でよろしいでしょうか」と言われた）	《はい・いいえ》
	お出迎えとご案内の全体評価をお願いします	《満足・やや満足・普通・やや不満・不満》
	【注文の承り】	
4	注文のたびに「はい」と返事している	《はい・いいえ》
5	注文の復唱をしている	《はい・いいえ》
6	「ご注文の際は白いボタンでお知らせくださいませ」と手でボタンを示している	《はい・いいえ》
	注文の承りの全体評価をお願いします	《満足・やや満足・普通・やや不満・不満》
	【商品の提供】	
7	商品を静かに置いている	《はい・いいえ》
8	提供時料理の名前を正確に伝えている	《はい・いいえ》
9	料理をメニューの上には置いていない	《はい・いいえ》
10	提供後、注文の品が全部そろったか確認している	《はい・いいえ》
11	食事の提供時間は満足のいくものである	《はい・いいえ》
	商品提供の全体評価をお願いします	《満足・やや満足・普通・やや不満・不満》
	【中間下げ・お会計・お見送り】	
12	お会計はスムーズである（レシートはこちらから言わずにくれた）	《はい・いいえ》
13	退店時に従業員に挨拶された	《はい・いいえ》
	中間下げ・お会計・お見送りの全体評価をお願いします	《満足・やや満足・普通・やや不満・不満》
	【従業員の態度】	
14	無愛想な従業員はいない	《はい・いいえ》
15	従業員の身だしなみは不快感がない	《はい・いいえ》
16	声をかけるとすぐに反応してくれる	《はい・いいえ》
17	従業員同士のおしゃべりはない	《はい・いいえ》
	従業員の態度の全体評価をお願いします	《満足・やや満足・普通・やや不満・不満》
	【クオリティ】	
18	盛り付けは丁寧か	《はい・いいえ》
19	お値打ち感はあるか	《はい・いいえ》
20	商品は適度な温度で出てきた	《はい・いいえ》
21	商品は適度なボリュームである	《はい・いいえ》
22	商品の見た目はメニューと同一である	《はい・いいえ》
23	御飯は美味しかった（炊き具合）	《はい・いいえ》
	クオリティの全体評価をお願いします	《満足・やや満足・普通・やや不満・不満》
	【クレンリネス】	
24	店内の清掃状態は良い	《はい・いいえ》
25	トイレはきれいであった	《はい・いいえ》
26	カスターセットは汚れていない	《はい・いいえ》
	クレンリネスの全体評価をお願いします	《満足・やや満足・普通・やや不満・不満》

●下記の点について、どう思われますか？（いずれかに○）
〈商品〉　　　　　〈満足・やや満足・普通・やや不満・不満〉
〈価格〉　　　　　〈満足・やや満足・普通・やや不満・不満〉
〈接客態度〉　　　〈満足・やや満足・普通・やや不満・不満〉
〈清掃〉　　　　　〈満足・やや満足・普通・やや不満・不満〉

※この店でまた食事したいと思う　　　　《　・はい　　・誘われたら来たい　　・いいえ　》

2　お客様の声を聞き顧客満足度を高める

図表22－2　お客様チェックシート（小売店用）

①商品の質・味等はいかがでしたか？良かった点やこうしたら良くなると思われる点をご記入ください。

②従業員の応対・身だしなみはいかがでしたか？良かった点やこうしたら良くなると思われる点をご記入ください。

③店舗の清掃状態、雰囲気（内装等も含めて）はいかがでしたか？良かった点やこうしたら良くなると思われる点をご記入ください。

④メニュー（ポスター等）は分かりやすかったですか？良かった点やこうしたら良くなると思われる点をご記入ください。

⑤この店舗の最も良いと思われる点を1つご記入ください。

⑥商店街全体の評価（外から見て分かりやすいか、入りやすいか、活気があるか、雰囲気が良いか等）について感想、意見、提案等をご記入ください。

⑥どんな方がこの店を好まれると思いますか？（ターゲットとなるのは？）

⑦もっとPRすると良くなる、効果的な点はどこだと思われますか？（サービス・価格・内装・料理等どんなことでも良い）

⑧ご自由な意見をお聞かせください。

※この見本を参考にして
 1．お客様に不満を与えないことができているかを「はい・いいえ」で答えられる質問に
 2．お客様の感想・意見を書けるフリースペースをつくってください

Ⅰ　スタンダード向上

図表22－3　お客様チェックシート（小売店用）

お客様チェックシート

店名：		
	従業員数　　　人	
混雑具合：混雑・半分位・空いている	訪問日／時間　　月　　日　　時　　分頃	

	【従業員】	右にいいえの理由を記入してください
1	従業員は全員名札をつけていた	《はい・いいえ》
2	従業員の身だしなみは、清潔感があった	《はい・いいえ》
3	従業員は全員元気よくあいさつしていた	《はい・いいえ》
4	従業員の私語がなかった	《はい・いいえ》
5	従業員は、声をかけるとすぐに対応してくれた	《はい・いいえ》
6	従業員の言葉遣い・対応は親切だと感じられた	《はい・いいえ》
7	「また、どうぞご利用くださいませ」といわれた	《はい・いいえ》
	従業員の全体評価	《満足・やや満足・普通・やや不満・不満》
	【接客】　※接客した方の名前を記入してください。	名前「　　　　　」
8	精算時の対応は親切であった	《はい・いいえ》
9	ご精算時におまたせしなかった	《はい・いいえ》
10	両手で金銭・商品授受が出来ていた	《はい・いいえ》
11	価格を読み上げてレジ打ちしていた	《はい・いいえ》
12	レシートをお渡ししていた	《はい・いいえ》
13	精算後お客様をきちんとおじぎをしてお見送りしていた	《はい・いいえ》
14	レジの待ち時間は長く感じなかった	《はい・いいえ》
	接客の全体評価	《満足・やや満足・普通・やや不満・不満》
	【店舗環境】	
15	店の場所はわかりやすかった	《はい・いいえ》
16	お店の入り口は、入りやすい雰囲気になっていた	《はい・いいえ》
17	どこに何のコーナーがあるかわかりやすかった	《はい・いいえ》
18	店前ポップやのぼりは、わかりやすかった	《はい・いいえ》
19	チラシはわかりやすく手に取りやすいところにあった	《はい・いいえ》
20	お客様アンケートボックスは、書きやすい場所にあった	《はい・いいえ》
21	BGMの音量・内容は、耳障りでなかった	《はい・いいえ》
22	店内に異臭は無かった	《はい・いいえ》
23	買い物カゴがわかりやすい場所にあった	《はい・いいえ》
24	店内温度は、暑く（寒く）なかった	《はい・いいえ》
25	店内の通路は、歩きやすくなっていた	《はい・いいえ》
	店舗環境の全体評価	《満足・やや満足・普通・やや不満・不満》
	【清掃について】	
26	売場はきれいだった	《はい・いいえ》
27	トイレは清潔感があった	《はい・いいえ》
28	駐車場にゴミは落ちていなかった	《はい・いいえ》
29	店内に、ゴミは落ちていなかった	《はい・いいえ》
	清掃の全体評価	《満足・やや満足・普通・やや不満・不満》
	【商品について】	
30	商品に汚れ、壊れが無かった	《はい・いいえ》
31	商品に価格や説明がわかりやすく書かれていた	《はい・いいえ》
32	商品価格は適正であった	《はい・いいえ》
	商品の全体評価	《満足・やや満足・普通・やや不満・不満》
	【品揃えについて】	
33	季節に合った品揃えになっていた	《はい・いいえ》
34	目を引くディスプレイ・コーナーがあった	《はい・いいえ》
35	欲しくなった商品があった	《はい・いいえ》
36	選べるだけの商品量があった	《はい・いいえ》
37	商品は見やすく整理されて置かれていた	《はい・いいえ》
38	棚・バーに空いているスペースは無かった	《はい・いいえ》
39	売場に新鮮味が見られた	《はい・いいえ》
40	商品を探したいという期待感がある	《はい・いいえ》
	品揃えの全体評価	《満足・やや満足・普通・やや不満・不満》

う箇所とに分ける。

　このシートをもとに定期的に調査してもらう。できれば月に1回1人に調査してもらうと良いだろう。お客様調査の目的は当たり前のことができているかどうかを見ていくものである。お店の方向性を考えるのであれば先ほどの聞き取りアンケートを活用しよう。

　調査員は最低でも3回交代にする。4回以上連続で調査してもらうとお店に愛着がわき、お店の改善点が調査員自身見えにくくなってしまう。このお客様調査のメリットはお店を客観的に見ることができることと、調査員が調査するごとにお店のファンになっていくことである。お店のファンになると良い口コミで周りの人を集めてくれるようになる（図表23）。

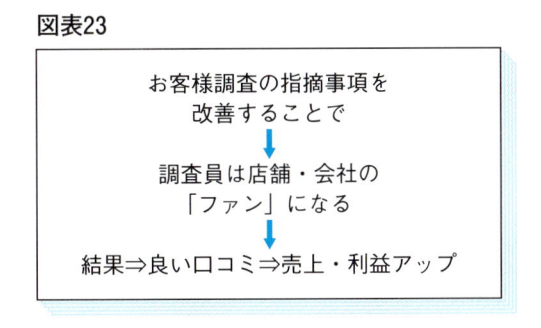

図表23

お客様調査の指摘事項を
改善することで
↓
調査員は店舗・会社の
「ファン」になる
↓
結果⇒良い口コミ⇒売上・利益アップ

『調査シート活用法』

　調査シートの「はい」「いいえ」の項目で「いいえ」の部分をあなたが再度チェックする。あなたが見てできていない箇所はすぐに改善する。また、自由に書いてもらった箇所はコメント抜き出し「おほめ」「お叱り」「提案（参考）」の3つに分ける（図表24）。そのうえでそれぞれ対応を考えていく。

　コメントを分ける際に「お叱り」には注意が必要である。価格が高い・安い、量が多い・少ないなどは個人的な主観が入ってしまうので、これらのコメントは「提案（参考）」に組み込もう。「お叱り」はあいさつがない、

I　スタンダード向上

図表24

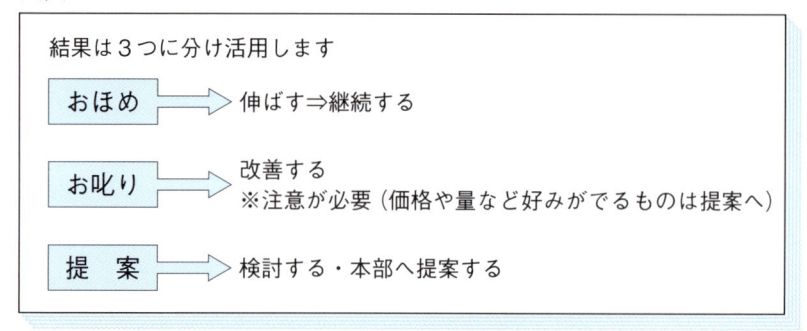

```
結果は3つに分け活用します
  おほめ   → 伸ばす⇒継続する
  お叱り   → 改善する
           ※注意が必要（価格や量など好みがでるものは提案へ）
  提　案   → 検討する・本部へ提案する
```

図表25

入り口が汚れていた等、接客・清掃を中心にすすめ商品は提供時間など数字でわかるものにするとよいだろう。

　分けたならば「おほめ」はポスターにして貼り出したり（図表25）、ホワイトボードに書き出したりすること（図表26）で皆の目に触れるようにする。そして、「お叱り」はあなたと意識の高いパート・アルバイトでチームを組みどう変えていくかを考えていこう（図表27）。お叱りを全員に伝えると「たまたまその時だけ」とか「一人のお客様に何がわかるの？」「言われてもムリ」「難しい」「できない」などマイナスに捉え逆効果になるこ

図表26

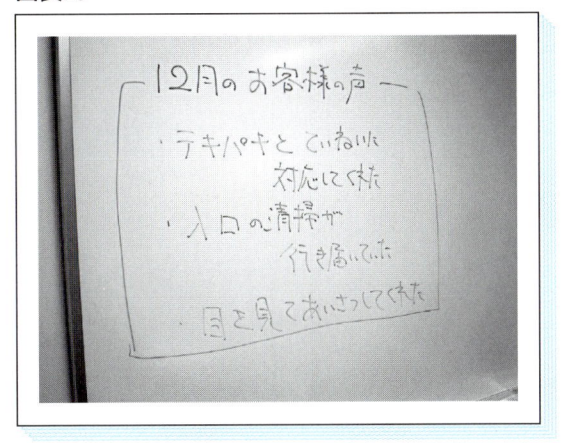

図表27

改善すること（目標）	
店舗全員がお客様に笑顔であいさつをする	
アクション（具体的に取り組むこと：5W1H）	誰が
①あいさつの重要性を朝礼で伝える	店長
笑顔の写真を事務所に全員分貼りだす	
②毎日あいさつ責任者を指名し、あいさつ責任者がお客様が	あいさつ責任者
来られたら「こんにちは」等声を出し、周りもあいさつする	
③1ヶ月で一番笑顔の素敵な人をMVPとする	店長

お叱りの改善は店長を中心にベテランスタッフと考えること。
皆に伝えるとマイナスに捉えたり、モチベーションダウンにつながることがある。
改善方法を考え、何をするのかを皆に伝え行動してもらう。

とが多い。反対におほめの項目は「たまたま」とか思う人はまずいない、おほめは全員に伝え、お叱りは少人数のチームで考え、決まったことをもとに指示を出して皆にやってもらうことがポイントである。

Ⅰ　スタンダード向上

《4：気付きカード》

　「気付きカード」はスタッフ一人ひとりがお客様の声を集める方法である。出勤した人に気付きカード（図表28）を渡し、お客様に関することで気付いたことを書いてもらう。書いてもらう内容はお客様が言ったちょっとした一言やお客様が口には出さないが、ちょっとした行動から読み取ることができる見えない声である。気付いたことと具体的にどうすればよいのかまで書いてもらう。そして、書いたカードを仕事が終わった時に箱等で集めていく。

　結果として「気付きカード」はお客様の見えない声を集めるとともにスタッフがお客様をより意識して仕事をすることができ、お客様のちょっとしたことに気付くようになる。

図表28

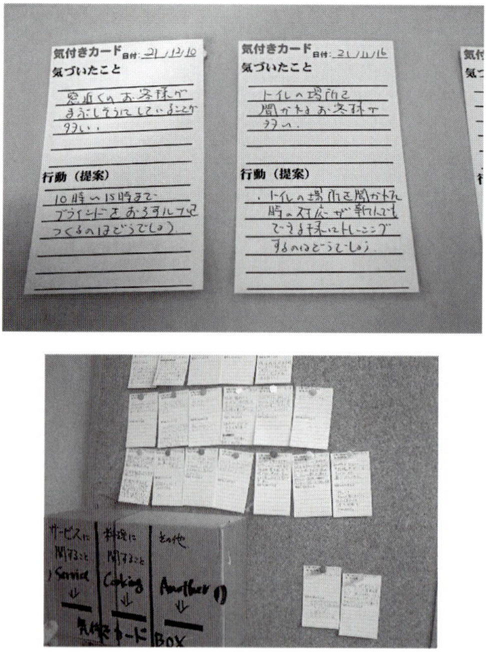

『気付きカード活用法』

定期的（毎週・毎月）に気付きカードを集計する。同じような項目をまとめていき、意見が多く簡単に改善できるものを選ぶ。具体的にどうするかをミーティング等を通して考え、改善していく（図表29）。これを繰り返すことでお客様により利用しやすいお店にすることだけでなく、スタッフはお客様をより見るようになり、お客様の気持ちに近づくことができる。

図表29

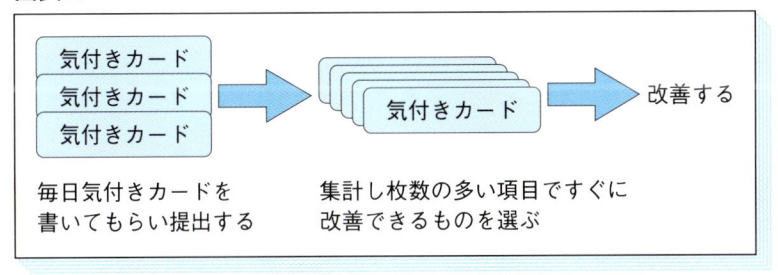

毎日気付きカードを書いてもらい提出する → 集計し枚数の多い項目ですぐに改善できるものを選ぶ → 改善する

《5：ありがとうシート》

「ありがとうシート」はお客様の喜びの声を集めていく方法である。出勤時にひとり1枚シートを持つ。仕事をしていてお客様から「ありがとう」とか喜ばれたことをシートに書き留めてもらう。仕事の終わりに所定の場所を設けてそこに置いていってもらう（図表30）。

ここでのポイントはお客様が喜ばれたこと、感謝されたことだけに絞ることである。喜ばれたことは現状できていることである。このできていることをより継続していく方が、できていないことを改善するよりも実行しやすい。

できていないところを見つけることはしても自店の良い点を見つけることをしていないことが多い。良い点を見つけることも大切である。

Ⅰ　スタンダード向上

図表30

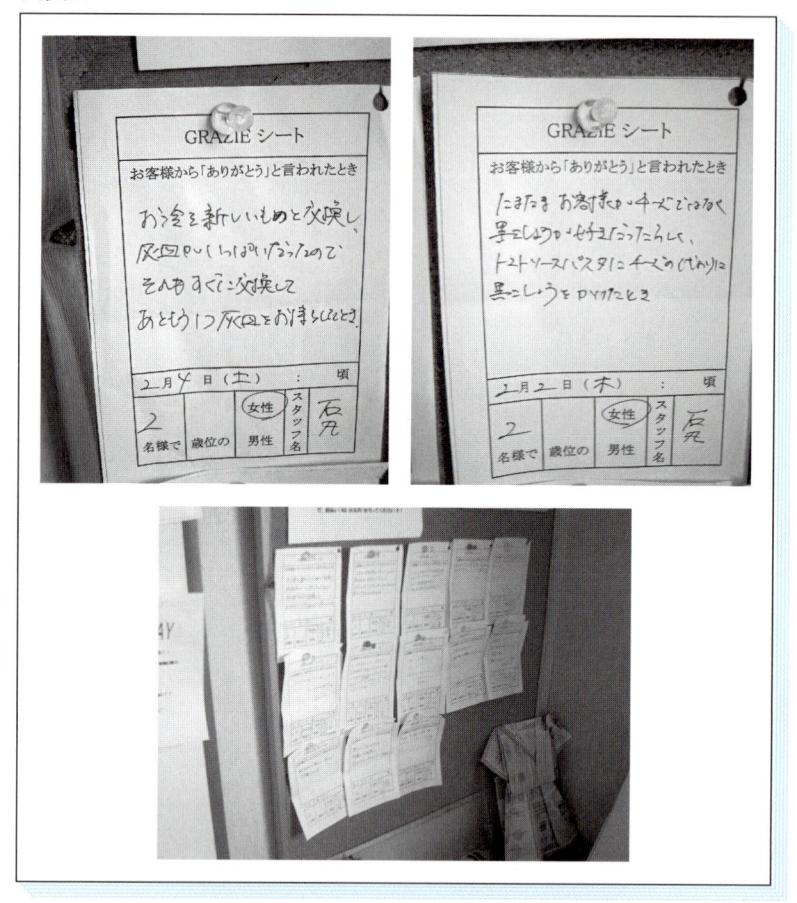

『ありがとうシート活用法』

　　ありがとうの言葉を集めたならば1週間ごと（または1ヶ月ごと）に貼り出す。そして、朝礼やミーティングなどの皆の集まる場所でスタッフ一人ひとりに伝えていくことである。お客様からほめられたことは聞きやすく、実行しやすい。ありがとうと言われたことを紹介するだけでも一人ひとりのモチベーションがアップし、喜ばれることならやってみようという効果も出てくるのだ。目につくところに貼り出すことでスタッフのやる気

も出て、お客様に喜ばれることを共有化することができる。

　繰り返しになるがゴールはお客様の声（情報）を集めることではない。皆のモチベーションを上げる、顧客満足度を高める、販売促進を行うなどお店で達成したいことのためにお客様の声（情報）を集めて欲しい。あなた自身が何をしたいのかによってお客様の声の集め方が変わるのだ。

【まとめ】

　お客様の視点に立ってお客様の立場で考えることが大切なのは誰でも知っている。私たち自身がお客様の気持ちになっていろいろと考えることも必要だが、お客様の声（情報）を集めることも大切である。どう見ているのか、どう感じているのかを直接お客様から集める方が早くて確実である。

　見てきたものは簡単にできて効果の出る内容である。まずは自分のお店で何を達成したいのかを考え、そのための集め方を実践して欲しい。

Ⅰ　スタンダード向上

《ポイント》

1　目的を明確にする

　スタッフのモチベーションをアップさせたい、売上を上げたい、お客様に喜んでいただきたいなど、お店で何をしたいのかを決めよう。そして、それに合ったお客様の声の集め方を実践してみよう。

2　お客様の声を積極的に集める

　自分であれこれ考えるよりも実際に利用されているお客様に直接聞く方が確実である。お客様とコミュニケーションをとり、お客様をもっと見ていくことでお客様の声を集めよう。

3　お客様の声を活用する

　お客様の声を集めたなら必ず活用することである。集めっぱなしでは意味がない。これらの声を活用してこそはじめて結果が出るのだ。「お客様の声を集める⇒活用する⇒結果を出す」の流れで進めていこう。

2 お客様の声を聞き顧客満足度を高める

> すぐに使える簡単ツール①
> 　　　　　「おほめポスター」

目的（何のためのツールか）
　◇お店に対するお客様のおほめを共有する
メリット（使うことでどのような効果があるのか）
　◇自店舗の良い点を伸ばす
　◇スタッフのモチベーションアップ

　お客様の声をアンケートや顧客満足度調査（ミステリーショッパー）などさまざまな形で集めたものをどのように活用しているでしょうか。ついつい私たちはできていない所に目がいきがちです。お客様から指摘された問題点をどのように改善するかという所だけを見てしまいがちです。すると、お客様からほめられたことはそのままになってしまうことも多いのです。そこでこのお客様からのおほめを活用してみましょう。

　お客様の声は大きく4つに分かれます。それは「おほめ」「お叱り」「提案」「その他（感想等）」です。まずはお客様の声を4つに分けてみましょう。そして、おほめの声だけをまとめてポスターにします。または、おほめの声だけを連絡等に使うホワイトボードに記入するのです。お客様からのおほめの言葉は聞きやすく受け入れやすいのです。おほめを全員に伝えるようにしましょう。おほめを伝えると、できている人は継続し、できていない人はできるように意識するようになるのです。

　反対にお叱りを全員に伝えると「たまたまその時だけ」「忙しいから仕方ない」「人が足りないからしょうがない」といった言い訳や出来ない理由が出てくることが多いのです。これでは皆ネガティブになり先には進みません。お叱りは店長を中心に意識の高いスタッフで話し合い、どうするかを決めて皆に決めたことを守ってもらうようにするのです。

Ⅰ　スタンダード向上

　もっとおほめの言葉を積極的に伝えましょう。お客様からのおほめの言葉を伝えると前向きになり行動に移しやすくなります。おほめは全員にお叱りは店長を中心に少人数に伝えるようにしましょう。

図表31

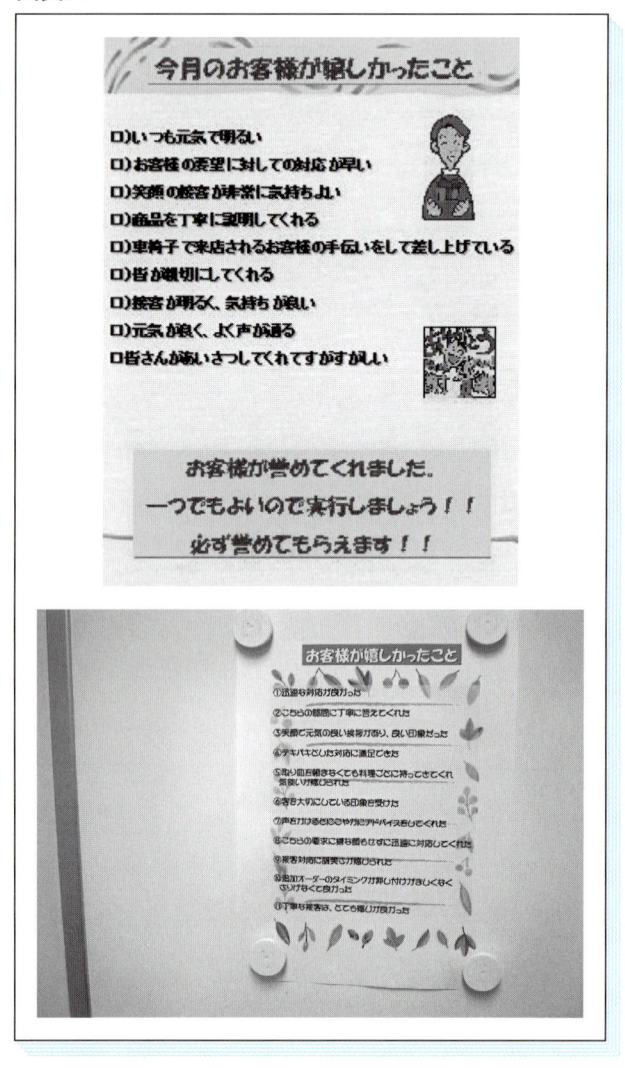

《ポイント》

1 おほめの言葉を集める

　お客様からのお叱りやご指摘は目にいきやすいのです。おほめに目を向けていくようにしましょう。そのためにお客様のおほめの言葉を集めましょう。

2 おほめを全員に伝える

　おほめの言葉を集めたならば全員に伝えましょう。必ずおほめのみを伝えることです。おほめとともにお叱りを伝えると皆の視点はお叱りにいってしまいます。すると後ろ向きな発言が多くなりやすいのです。おほめだけを伝え、ほめられたことを全員ができるように促しましょう。

I スタンダード向上

> すぐに使える簡単ツール②
> 「グラッチェシート」

目的（何のためのツールか）
　◇お客様の喜びの声を集める
メリット（使うことでどのような効果があるのか）
　◇お客様に目を向ける
　◇自店舗の良い点の共有

　スタッフが一番やる気になるのはどんな時でしょうか。データによると一番やる気になるのは「お客様に喜ばれたとき」です。たしかに来られたお客様に喜んでいただければ多くの人は「よしっ！」とやる気になるでしょう。せっかくお客様からほめられたことをほめられた人だけのものにしておくのはもったいないことです。
　人は誰もが認められたいと思っています。では認められる、とくにお客様に喜んでいただくためにはどうすればよいか。これがなかなかわからないのです。このお客様に喜んでもらえるヒントになるのが「グラッチェシート」です。
　グラッチェシートはいたって単純です。一日の勤務が終えたときに、お客様からほめられたことや、こうしたらお客様が喜んでくれたことを、はがきサイズのグラッチェシートに書き出していくのです。ほんの些細なこと、例えば水の空いているグラスに水を注ぎにいったら「ありがとう」と言われたとか、「入り口でお客様に笑顔であいさつをしたら笑顔を返してくれた」などでかまわないので、どんどん書き出していくことです。そして、勤務が終わりお店から退店するときに、そのグラッチェシートを提出していくのです。
　提出されたシートはコルクボードや事務所の壁でかまわないので、どんど

ん貼り出していきます。その際にきれいに（見やすいように）貼り出すのがポイントです。
　そのボードの付近には「お客様が喜んでくれたこと」といったちょっとしたPOPを貼り出すとより効果的です。そして、朝礼やミーティングの時に（月に1回程度）発表するのです。喜んでいただいたことを皆で共有化することでスタッフは自分がほめられたことのように気分良く、かつ喜んでもらえる行動を真似してみようという気持ちになるのです。
　おほめや喜ばれたことは貼っておくだけでも効果があります。例えば、あ

図表32

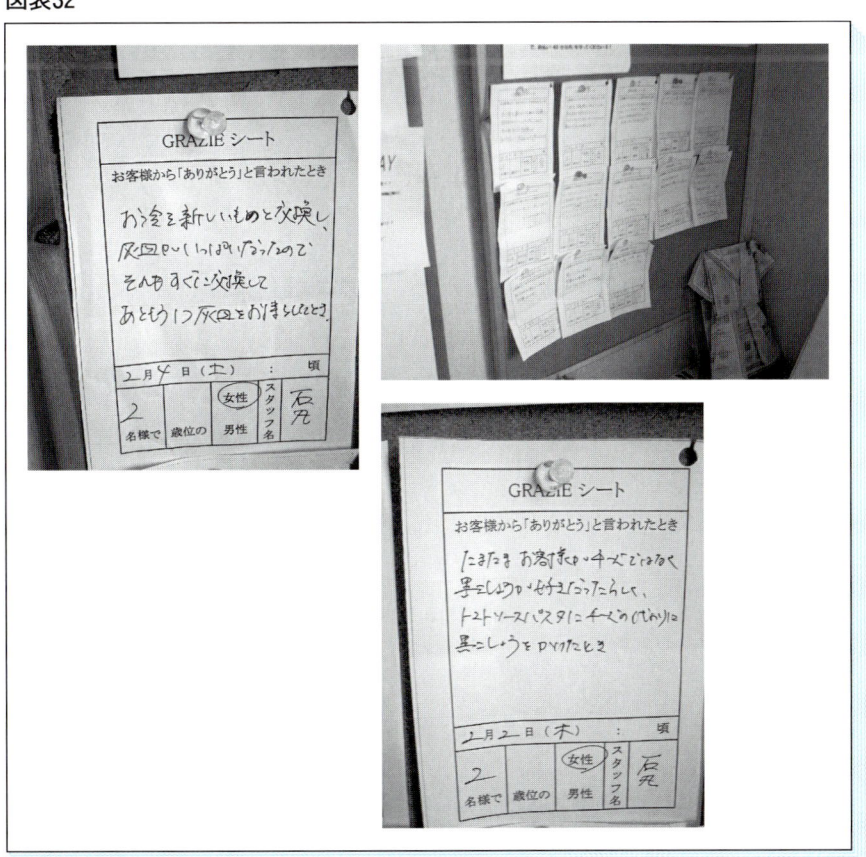

I　スタンダード向上

なたのお店で「お客様アンケート」等をされているのであれば、ぜひ喜びの声だけを休憩室や事務所に貼り出してください。店舗の雰囲気は必ず前向きになります。特に最近はあそこができていない。ここができていないと言われることが多いので、より積極的にほめられたことを伝えていくことです。

《ポイント》

1　ほめられたことを共有化する

　　お客様にほめられたことは店舗全体で共有しましょう。良いことだけを貼り出す。お客様に叱られたことも貼り出すと、人は不思議とマイナスのことばかり目につきます。叱られたことに目がいき、せっかくのほめられたことがかすんでしまうのです。ですから、このグラッチェシートの時にはお客様からほめられたことだけを貼り出すのがポイントです。

2　皆の前で発表する

　　ただ、貼り出すだけでは面白くありません。貼り出してかつ店長や社員が朝礼やミーティングなどで発表することです。そうすると、「具体的にどのような場面でどうしたの」といった会話にもつながっていくのです。

3 クレームを未然に防ぐ店づくり
「店長が行うクレーム未然防止策」

　クレームが起きたならば誰もが対応する。起きたクレームを上手に対処できる店長が素晴らしい店長ではない。クレームが起こらないように未然に防ぐことができてこそ、実力店長なのだ。
　クレームを未然に防ぐ店づくりを考えてみよう。
　あなたはクレームに対してどのように対応しているだろうか。図表33をチェックしてみよう。クレームという形で表面にでてきたものだけに対応していることはないだろうか。

図表33　チェックリスト※当てはまるところに〇をつけてみましょう

1	クレーム対応の仕方を教えていない	
2	クレームの初期対応ミスでこじれたことがある	
3	新人スタッフにはクレーム対応を教えるのは早いと思う	
4	自分のところにクレーム報告がこない時がある	
5	クレームの報告手順が決まっていない	
6	クレームが月に2〜3回はある	
7	過去のクレーム事例を知っているのは自分しかいない	
8	クレーム事例を集めていない	
9	クレームを未然に防ぐ具体的な行動をしていない	
10	お客様に不満を感じさせない行動をしていない	

※ひとつでも〇がついたなら再度自店のクレームについて見直してみましょう。

Ⅰ　スタンダード向上

【基本的な考え方】

　クレームとして出てくるのは、お客様がお店を利用して不満に感じた人の一部に過ぎない（図表34）。例えば、あなたが今までにお店を利用して「このお店ひどいな」と嫌な思いをした（不満を感じた）ことを思い出して図表35に書き出して欲しい。嫌な思いをした（不満を感じた）ことはどんなことだったであろうか。もう一回行きたいと思っただろうか。そして、嫌な思いをした時（不満を感じた時）に店員に言っただろうか。

図表34

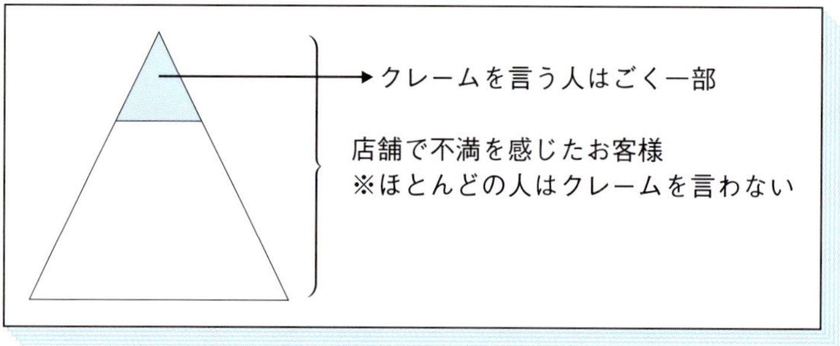

→ クレームを言う人はごく一部

店舗で不満を感じたお客様
※ほとんどの人はクレームを言わない

図表35

不満に感じたこと	もう一度行きたいと思いましたか？	従業員に伝えましたか？
①		
②		
③		
④		
⑤		

3　クレームを未然に防ぐ店づくり

　いくつか書き出してみると、案外、店員には伝えていないことに気付くだろう。あなたの店舗スタッフにも同じように聞いてみよう。ほとんどが店員には伝えていないことに気付くはずだ。あなたがお店を利用して嫌な思いをしても（不満に感じても）店員に伝えないように、実は多くのお客様もよほどのことがない限り店員には伝えない。

　あるデータでは、不満を感じた人の４％程度しかクレームを言わないそうである。クレームを言う人が一人いたならばその背後には20人以上の不満に感じるお客様がいることになる。あなたが力を入れるのはクレームに対応するのではなく、お客様の不満をなくすことである（図表36）。

図表36

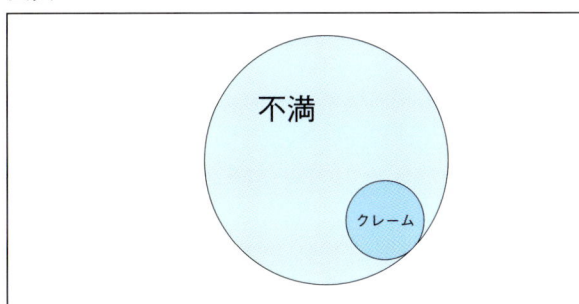

不満

クレーム

不満を感じさせることをなくすことでクレームも解消されていく

クレームだけに対応しても不満を感じるお客様は解消できず結果再来店をしない＝客数減につながる

　また、先ほど図表35で書き出してもらった内容を再度見てみよう。実はお店で不満に感じることの多くは当たり前のことを当たり前にやっていなかったということだ。特別なことを行わないからお客様は不満に感じたりクレームを言ったりするのではない。本来出来ていて当然のことを行わないので不満を感じクレームになるのだ。クレームを未然に防ぐ店作りの第一歩はお客様の不満をなくすことである。

Ⅰ　スタンダード向上

図表37

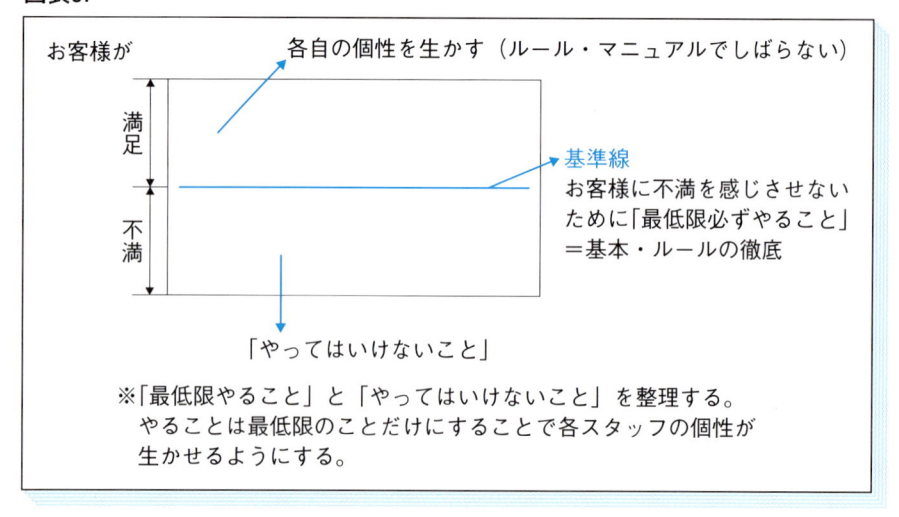

```
お客様が
　満足　｜　各自の個性を生かす（ルール・マニュアルでしばらない）
　─────────────────────── 基準線
　不満　｜　お客様に不満を感じさせないために「最低限必ずやること」
　　　　　　＝基本・ルールの徹底
　　　　　「やってはいけないこと」

※「最低限やること」と「やってはいけないこと」を整理する。
　やることは最低限のことだけにすることで各スタッフの個性が
　生かせるようにする。
```

【クレームを未然に防ぐ5STEP】

　クレームを未然に防ぐ店作りを見ていこう。ポイントはひとつずつ段階を踏んで行っていくことだ。

STEP1：お客様の不満をなくす

　お客様の不満をなくすにはどうすればよいのか。一言で言えば、当たり前のことを当たり前に行えるお店にすることだ。そのためには、まずあなたのお店で、①皆が絶対に行うこと、②皆が絶対に行ってはいけないことの二つを洗い出す。この二つを洗い出すことでお客様に不満を与えない基準ができる（図表38）。この二つを付箋紙や書面に記入するなどして全てを洗い出し、洗い出した項目を項目ごとに分ける。

　洗い出す際のポイントは、①皆が絶対に行うことは最低限必要な項目だけにすることである。あれもこれもこと細かくあげてしまうと、やらなければならないことが多くなりすぎて、結局は何事も中途半端に終わってしまったり、皆がルールに縛られすぎて応用のきかない（気がきかない）お店になっ

図表38

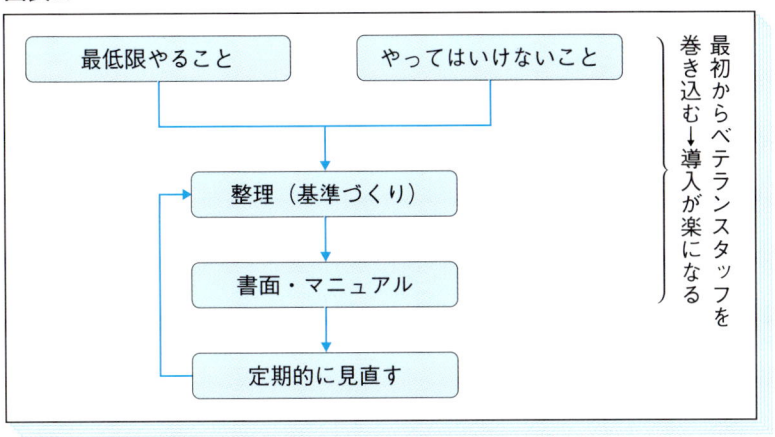

```
[最低限やること]      [やってはいけないこと]        ⎫ 最初からベテランスタッフを
         ↓                    ↓                  ⎬ 巻き込む→導入が楽になる
        [整理（基準づくり）]                        ⎭
              ↓
        [書面・マニュアル]
              ↓
        [定期的に見直す]
```

たりしてしまう。

　整理したら書面にまとめよう（図表39）。書面にまとめたものを写真で表現すると一目で見てわかりやすく伝わりやすくなる（図表40）。できあがったものを新人スタッフの初期トレーニングで活用することとともに、ベテランスタッフに対しても伝えていく。さらには一人ひとりができているかどうかを見るために定期的に確認していこう。

　この、①皆が絶対に行うこと、②皆が絶対に行ってはいけないことの二つは定期的に見直す。その際にはできるだけベテランスタッフを交えていくと店舗に落とし込みやすい。

　また、常日頃からお客様に不満に感じさせないために注意するポイントを整理し（図表41）、毎日時間を決めてチェックすることでも不満を感じさせないお店に近づくことができる。不満を感じさせることがなくなればクレームも起こりにくくなる。

STEP2：クレーム事例を集める

　クレームは対応手順やマニュアルなど、ひとつのパターンにはしにくい。起きた内容は同一のものでも必ずしも対応の仕方も一緒とは限らないから

Ⅰ　スタンダード向上

図表39-1　絶対に行うこと（例）

ハウスルール	1	企業理念を理解している
	2	社長・幹部・スタッフ・他店店長の名前がわかる
	3	店舗コンセプトを覚えている
	4	元気よくあいさつができる
	5	接客10大用語を使っている
	6	一作業ごとに報告している
	7	緊急時の連絡先を把握している
	8	ハウスルールの規則を守っている
基本動作	あいさつ	
	1	笑顔でハキハキと言える
	2	返事は「はい」と言う
	3	決められた掛け声、受け答えができる
	基本	
	4	メモ帳を所持し、教わったことは必ずメモを取る
	5	テーブルNoを覚えている
	バッシング	
	6	中間バッシングの意味と内容を知り、実行できる
	7	テーブルに応じた下げ方ができる
	8	テーブルセッティングを正確に迅速にできる
	9	下げ場への下げと清潔に使うことを心掛けている
	商品提供	
	10	お皿を正しく持てる
	11	グラスを正しく持てる
	12	お水を正しく注ぎ足しができる
	13	正しいドリンクの出し方を知っている
	14	正しいお料理の出し方を知っている
	15	商品に付属する道具を知っている
	オーダーテイク	
	16	相手の目を見て、リラックスした笑顔でハキハキと受け答える
	17	メニューを全て覚えている
	18	ハンディを扱える
	入店	
	19	元気なあいさつができる
	20	お出迎えができる
	ご案内	
	21	テーブルでご案内ができる
	22	メニュー表をわたすことができる
	23	おしぼりをわたすことができる
	24	おすすめができる
	25	商品説明ができる

3 クレームを未然に防ぐ店づくり

基本動作		オーダーリング
	26	オーダーをとることができる
	27	オーダーを提案することができる
	28	ハンディをすばやく打つことができる
		サイドワーク
	29	1 Way 2 Job の動きができる（手ぶらで帰ってこない）
	30	定位置で常にお客様をみることができる
		チェック
	31	伝票の確認ができる
		お会計
	32	お会計ができる
	33	お金・クレジットカードのお預かりができる
	34	レジで会計ができる
	35	おつり・クレジットカードの扱いができる
		退店
	36	お見送りができる

※例を参考に自分のお店に合ったものを作成してみましょう

図表39－2　絶対に行ってはいけないこと

1	お客様と目が合ったのに会釈しない
2	お客様に対する後ろ向きの対応
3	お客様へ話す際も目を合わせない
4	お客様と話している時によそ見が多い
5	元気がなく声が小さい
6	壁によりかかる
7	待機中の姿勢…私語（待機中に私語をしている）
8	聞かれた時に「えっ！」と言う
9	無愛想の対応
10	「何を言っているのこの人と言う表情で表現する
11	対応が遅い
12	前髪を触る
13	目をこすったり、顔全体をこすったり、あくびをしたりしている
14	レジ付近で事務作業をもくもくとしている
15	マニュアルやルールを守らない
16	店の設備や備品を汚したり傷つけたりする
17	定められた場所以外での食事・休憩・喫煙
18	許可無く職場を離れる
19	不平不満や他人の悪口を言う
20	公休日や勤務時間外の職場への立ち入り

※例を参考に自分のお店に合ったものを作成してみましょう

Ⅰ　スタンダード向上

図表40

[絶対に行うこと]

バッシング

・あらかじめ、きれいなダスターを持っていきます。
・カウンターは3回ふきましょう。

テーブル、カウンターは3回ふく。かども忘れずにふく。

ピカ
ピカ

[絶対に行ってはいけないこと]

寄りかかって立たない

だる〜い…

・お客様に不快感を与えます。
・危ないです。

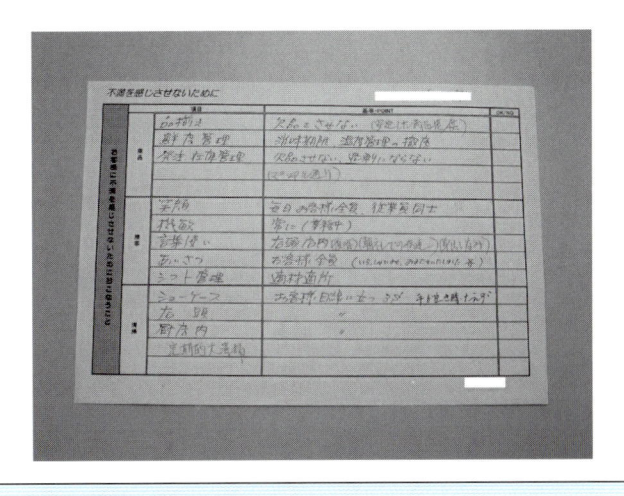

3 クレームを未然に防ぐ店づくり

図表41-1　チェックリスト（飲食店用）

	項目		POINT	頻度	月	火	水	木	金	土	日
お客様に不満をあたえない	商品	商品の盛付	ご飯、汁、漬物は規定量。椀が汚れてはいない。								
		商品提供	持っていく商品の優先順位はできている。								
		フロントとの連携2	フロントに適切なときに声かけできているか。								
	接客	ご案内	待機姿勢。ご挨拶。人数確認。誘導。								
		オーダー	ハンディー確実。注文確認。								
		商品提供	商品の持ち方、提供時の姿勢、用語。								
		中間バッシング	お客様への声かけ。下げ方。								
		お見送り	笑顔はでているか。気持ちよいお送りか。								
	清掃	メニューとPOP	メニューはきれいか。POPは見やすくはってある。								
		テーブル	テーブル上、その下の床はきれいか。								
		床	整理、光沢、乾燥ができているか。きれいか。								
		窓	整理、光沢、乾燥ができているか。きれいか。								
		照明	切れていない。暖色系のものを使用。								

Ⅰ　スタンダード向上

図表41－2　チェックリスト（小売店用）

	項　目	POINT	頻度	月	火	水	木	金	土	日
お客様に不満をあたえない	商品	陳列棚	空きはないか								
		プライスカード	プライスカードはついているか								
		商品	商品に汚れやほこりはついていないか								
	接客	レジ	レジ接客時の対応は適切か								
		商品お渡し	商品のお渡しは両手でおこなっているか								
		あいさつ	お客様へのあいさつをしているか								
	清掃	POP	POPは見やすくはってある。								
		床	整理、光沢、乾燥ができているか。きれいか。								
		窓	整理、光沢、乾燥ができているか。きれいか。								
		入り口	隅まできれいになっているか								
		照明	切れていない。暖色系のものを使用。								

店舗：　　　　　　　　実施週：　　月　　日〜　　月　　日

だ。また、これといった正解があるわけでもない。

　<u>クレームに関しては事例を多く集めることである</u>。自店で起きたクレームは些細なことでも全て集めていく。そのためには全スタッフにどんな些細なことでも報告させるようにすることだ（図表42）。クレームを正直に報告したスタッフはほめ、クレームを隠したスタッフは叱る。報告しやすい状況をつくることがポイントである。いかに多くのことを報告させるかである。

　クレームを報告することを歓迎する流れになると、お客様のちょっとした変化も報告されるようになるのだ。お客様の不満そうな態度や不快なことに気付き、クレームをより未然に防ぐことができる。そして、クレームが起きた時の報告先も明示することだ（図表43）。そして、報告されたクレームは報告書（図表44）にまとめていこう。また、他店舗で起きているクレーム事例も集められたら集めていこう。

　クレーム事例は店舗スタッフ全員が目を通せるように、皆が見ることのできる場所に置く。クレーム事例を通して事例や対処の仕方を見ておくだけで

3 クレームを未然に防ぐ店づくり

図表42

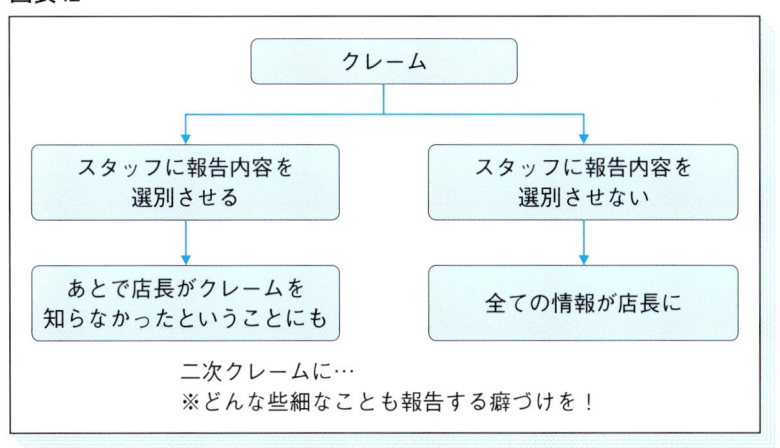

```
                    クレーム
                   /        \
   スタッフに報告内容を      スタッフに報告内容を
      選別させる              選別させない
         ↓                      ↓
   あとで店長がクレームを     全ての情報が店長に
   知らなかったということにも
```

二次クレームに…
※どんな些細なことも報告する癖づけを！

図表43

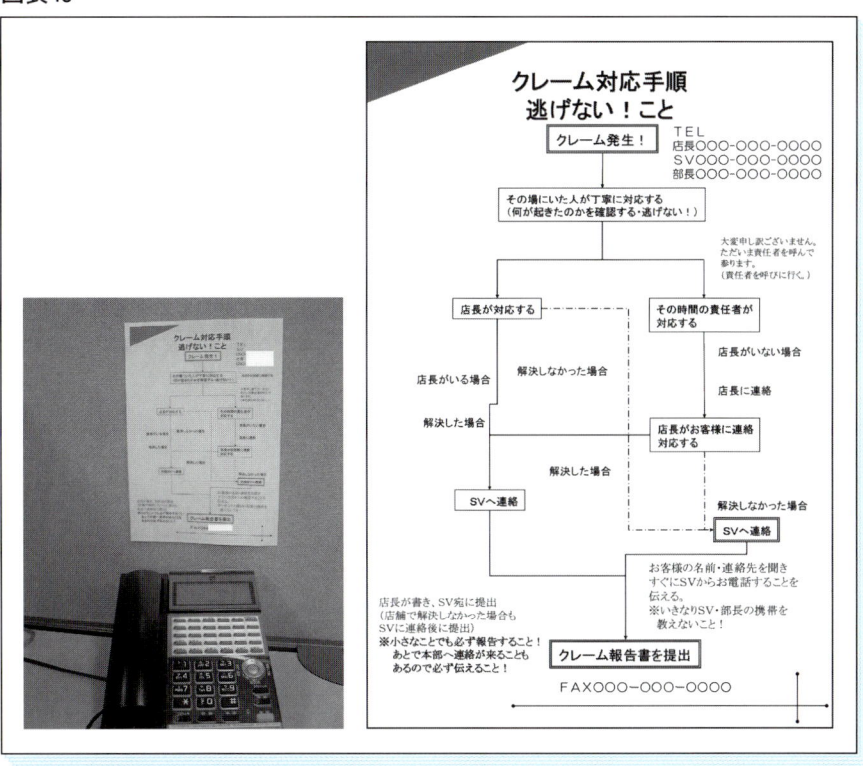

クレーム対応手順
逃げない！こと

クレーム発生！
TEL
店長 ○○○-○○○-○○○○
SV ○○○-○○○-○○○○
部長 ○○○-○○○-○○○○

その場にいた人が丁寧に対応する
（何が起きたのかを確認する・逃げない！）

大変申し訳ございません。
ただいま責任者を呼んで
参ります。
（責任者を呼びに行く。）

店長が対応する　　　　その時間の責任者が対応する

店長がいる場合　解決しなかった場合　　店長がいない場合
解決した場合　　　　　　　　　　　店長に連絡

　　　　　　　　　　　　　店長がお客様に連絡対応する

　　　　　解決した場合

SVへ連絡　　　　　　　　　解決しなかった場合

　　　　　　　　　　　　　SVへ連絡

店長が書き、SV宛に提出
（店舗で解決しなかった場合も
SVに連絡後に提出）
※小さなことでも必ず報告すること！
あとで本部へ連絡が来ることも
あるので必ず伝えること！

お客様の名前・連絡先を聞き
すぐにSVからお電話することを
伝える。
※いきなりSV・部長の携帯を
教えないこと！

クレーム報告書を提出

FAX○○○-○○○-○○○○

Ⅰ　スタンダード向上

図表44

クレーム事例集

発生店舗名	店	記入者

発生日時　　年　月　日（　）AM／PM　：　頃（　アイドル時　・　ピーク時　）

クレーム内容（どういう状況でどうなったことでクレームになったのか？）

　　　　　　　　　　　　　　　　　　店長は　いた時間帯である　・　いない時間帯である

初期対応の状況（初期対応として、どのような対処をしたのか？）

　　　　　　　　　　　　　　　初期対応者名_____

初期対応後のお客様の状況（初期対応をした結果、お客様の反応は？要求されたことは？）

２次対応の状況（初期対応で治まらなかった際の２次対応をどのように行ったのか？）

　　　　　　　　　　　　　　　２次対応者名_____

その後の状況（店舗で対応した後の状況から最終的にどうなったのか？　金銭の発生など）

発生した（クレームとなった）原因（店舗（店長）はどのように捉えているのか？）

も疑似体験でき役に立つ。

STEP3：クレームを未然に防ぐ行動をする

　当たり前のことを当たり前にできるお店づくりを行いながらも同時に起こりうるクレームを未然に防ぐことを行っていく。クレームを未然に防ぐことができればクレーム対応に追われることもない（図表45）。

　STEP2で整理したクレーム事例を活用する。クレーム事例が集めきれていなければベテランスタッフを交えて過去のクレームを全て洗い出してもよい。単純にクレームをなくそうとしてもエネルギーや時間のわりには効果が出にくい。まずは自店舗で起きている（起きた）クレームをもう一度洗い出し現状を再認識することである。

　クレーム事例を見ていくと、起こったクレームは多数あっても実は事例のほとんどが似ていることが見えてくるだろう。似ている事例をまとめていき、**発生頻度の多い内容から解消していこう**（図表46）。例えば、接客のクレームが多いならば接客を向上するための方法を、提供時間の件でのクレーム件数が多いならば提供時間を早くする方法を考えることである。

　今までできていなかったことを改善していくには、あなた一人での頑張りでは難しい。周りで働いているスタッフの力を借りながら進めることであ

図表45

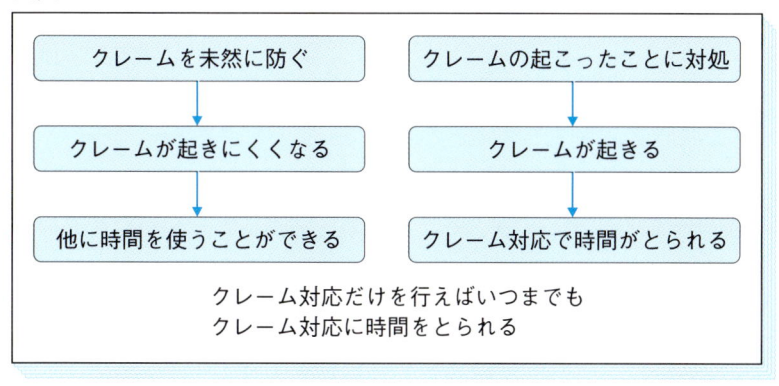

```
クレームを未然に防ぐ          クレームの起こったことに対処
      ↓                            ↓
クレームが起きにくくなる        クレームが起きる
      ↓                            ↓
他に時間を使うことができる    クレーム対応で時間がとられる
```

クレーム対応だけを行えばいつまでも
クレーム対応に時間をとられる

図表46

発生頻度の多さ	クレーム内容
①	
②	
③	
④	
⑤	

図表47 ミーティングの進め方

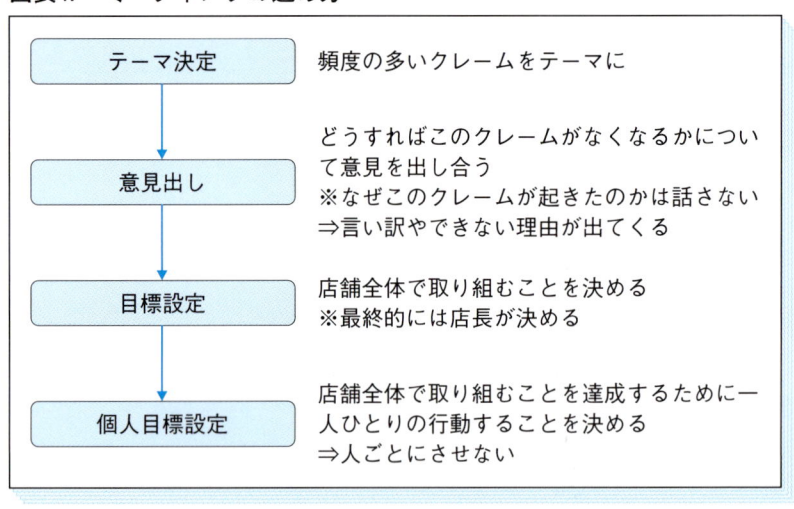

テーマ決定	頻度の多いクレームをテーマに
意見出し	どうすればこのクレームがなくなるかについて意見を出し合う ※なぜこのクレームが起きたのかは話さない ⇒言い訳やできない理由が出てくる
目標設定	店舗全体で取り組むことを決める ※最終的には店長が決める
個人目標設定	店舗全体で取り組むことを達成するために一人ひとりの行動することを決める ⇒人ごとにさせない

る。そのためにはミーティングを活用しよう（図表47）。その際の注意点は、クレームの原因を探るよりもクレームを起こさないためにはどうすれば良いのかをみていくことである。原因を探ろうとすると、できない理由、やれない言い訳、例えば人が足りないからとか忙しすぎるから等が無数に出てきてしまうのでミーティングをする意味がなくなる。今後どうするのかに目を向けていくことがポイントである。

　対策を検討したならば一人ひとりが何を意識するのかを目標設定する。全

3 クレームを未然に防ぐ店づくり

図表48

個別目標例
ミーティングを行い店舗全体の目標を設定し、店舗目標にもとづいて各部門担当者が自部門の目標を設定する。
その部門ごとに個人部門目標にもとづいて個人目標を設定する。
個人目標が達成されれば部門目標が達成され、最終的に店舗目標が達成される(クレームを未然に防ぐ)流れとなる。

体での目標とともに個別の目標を持たせることで一人ひとりが意識して取り組むようになる（図表48）。そして、クレームを未然に防ぐためには、お客様のちょっとした変化に気付くことだ。そのために繰り返しであるが、STEP2で見たように「報告する」ことを癖付けよう。

STEP４：クレーム対応

　未然に防ぐことを行ったならば、次にクレームが起きた時の対応をトレーニングしよう。いくらクレームを未然に防ごうと思っていてもクレームは起こる。その際の対応の仕方もトレーニングしておくことだ。

　特にクレーム対応のポイントは初期対応である。クレームが起きた時の対応の仕方を店舗スタッフに教育する。その際にはSTEP２のクレーム事例を活用する。過去に起きたことをロールプレイングを通して疑似体験させる。

　クレームの対応の仕方を教えて知識として頭に入っていても実際に行動するとなると別問題である。クレーム事例を体感させることで実際にクレームが起きた時に行動できるようになるのだ。

　ロールプレイングはあなたがお客様役にそしてスタッフに店員役になって実際のクレームのシーンを再現する。その際に、できれば数名で一緒に行うと良い。数名で行うことで自分以外のスタッフがクレームに対してどう対応

Ⅰ　スタンダード向上

をするかを見ることができ、結果として良い点を真似られ、課題点をフィードバックすることができる。見ている人達はフィードバックシートに記入（図表49）し、ロールプレイング終了後、その場でフィードバックするようにしよう。全員が終わった後でフィードバックとなると記憶が薄れてしまい、非効率であまり効果的でない。その場で行うことだ。

図表49　フィードバックシート

「　　　　　　　　　　　に関するクレーム：対応者：　　　　　　」
機会点…良かった点・継続した方が良い点
提案…こうすればもっと良くなると思うこと
※私はこの店舗にまた来たい（はい・いいえ） 　　　　「フィードバック者：　　　　　　　　　　　　」

また、できることならビデオで対応のシーンを撮影することができれば本人に実際の自分の姿を見せることができ、さらに効果的である。繰り返しロールプレイングを行って対応の仕方を体に覚えさせるようにしよう。1回目でうまくいかなかったならば繰り返しできるまで行う。

さらに、クレーム事例を整理して、初級編（初期対応から責任者への報告）・基本編（報告を受けてからの対応の仕方）に分けて行うと効果的である。新人スタッフや入店6ヶ月以内の人は初級編をベテランスタッフは基本編というように分けて行うと良いだろう。

STEP 5：仕組みにする

今までみてきたことを全て仕組みにしよう。定期的に手が加えられ常にクレームを未然に防ぐお店にしていくことだ。例えば、

「STEP1：お客様の不満をなくす」に関しては、毎年3月と9月に不満をなくす内容を見直してチェック表にする。チェック表を通して店舗改善を毎日行う（図表50-1）。

「STEP2：クレーム事例を集める」は、起きた時に時間帯の責任者に伝え、クレーム報告書を記入する。クレーム報告書は朝礼・夕礼・ミーティングを通して全員に伝える。事例は店長が責任を持って保管する。

「STEP3：クレームを未然に防ぐ行動をする」は、毎月1回ミーティング時に前月のクレームを未然に防ぐために立てた目標に対する結果を確認し、当月に起きたクレームも含めてクレームを未然に防ぐための来月の目標を設定する。毎週実施状況をチェックする（図表50-2）。

「STEP4：クレーム対応」は、新人には接客トレーニングの最初に初期クレーム対応（責任者に伝えるまで）をロールプレイングを通してトレーニングする。ベテランスタッフには毎月クレームのロールプレイングを行う。

といったように自店にあった流れ（仕組み）を作っていこう（図表50-3）。流れにしないと知らず知らずのうちにやらなくなってしまう。また、ムリして行うことを避ける。現状であまりムリせずにできる流れにすること

I　スタンダード向上

図表50－1

【STEP１：不満をなくす】

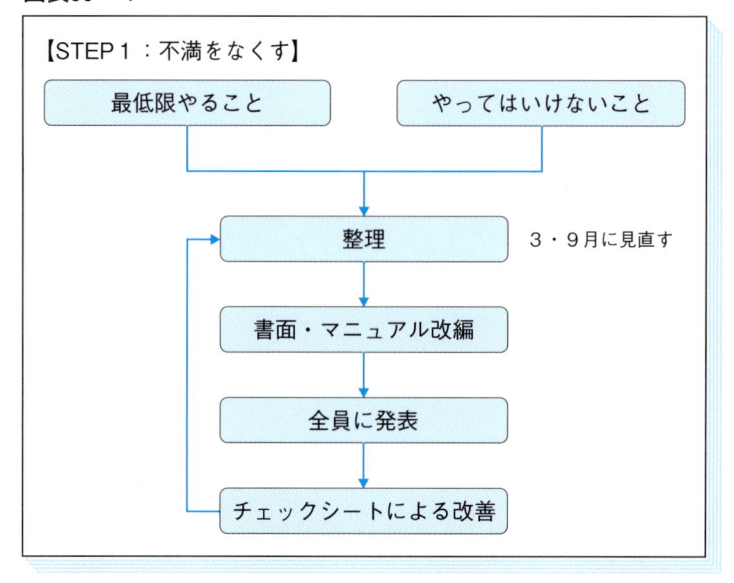

```
最低限やること          やってはいけないこと
        ↓                    ↓
        →    整理    　　　　　　　３・９月に見直す
              ↓
         書面・マニュアル改編
              ↓
            全員に発表
              ↓
        チェックシートによる改善
```

図表50－2

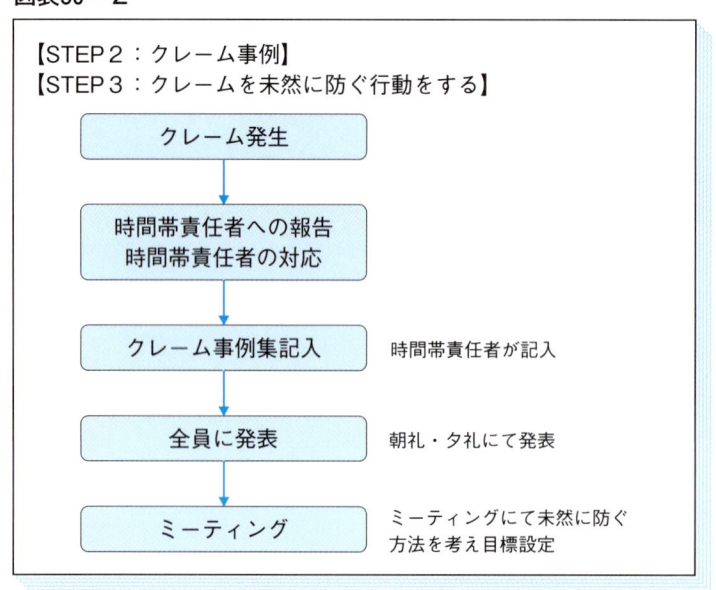

【STEP２：クレーム事例】
【STEP３：クレームを未然に防ぐ行動をする】

```
        クレーム発生
              ↓
      時間帯責任者への報告
      時間帯責任者の対応
              ↓
       クレーム事例集記入     時間帯責任者が記入
              ↓
          全員に発表         朝礼・夕礼にて発表
              ↓
         ミーティング        ミーティングにて未然に防ぐ
                            方法を考え目標設定
```

3　クレームを未然に防ぐ店づくり

図表50－3

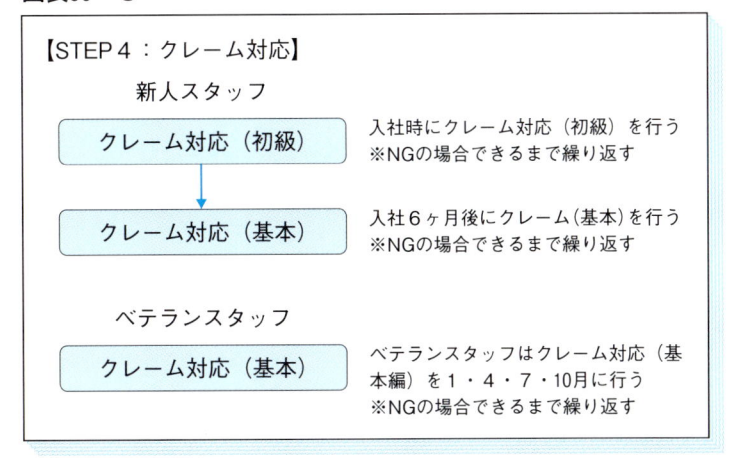

```
【STEP 4：クレーム対応】
  新人スタッフ
  ┌─────────────────┐
  │ クレーム対応（初級） │   入社時にクレーム対応（初級）を行う
  └─────────────────┘   ※NGの場合できるまで繰り返す
           ↓
  ┌─────────────────┐
  │ クレーム対応（基本） │   入社6ヶ月後にクレーム（基本）を行う
  └─────────────────┘   ※NGの場合できるまで繰り返す

  ベテランスタッフ
  ┌─────────────────┐
  │ クレーム対応（基本） │   ベテランスタッフはクレーム対応（基
  └─────────────────┘   本編）を1・4・7・10月に行う
                        ※NGの場合できるまで繰り返す
```

だ。ロールプレイングも毎月が理想的だが、むずかしければ3ヶ月に1回というように頻度を変更するなどして、ちょっと頑張れば確実にできる流れにしよう。

　最後にチェックシート（図表51）を次頁に載せておくので一つずつできるようにしていこう。

I スタンダード向上

図表51　チェックシート

	《お客様の不満》	
1	店舗スタッフにお客様が不満に感じた人の一部がクレームとなることを伝えている。	
2	店舗スタッフにお客様が不満を感じるのは「当たり前のことを当たり前にしないから」ということを伝えている。	
	《STEP 1：お客様の不満をなくす》	
3	皆が絶対に行うことを整理している。	
4	皆が絶対に行ってはいけないことを整理している。	
5	上記3・4を書面にまとめている。	
6	上記3・4を定期的に見直している。	
7	書面にまとめたものを使って新人スタッフ・ベテランスタッフともトレーニングをしている。	
8	書面にまとめたものを使って定期的に全スタッフができているかどうかをチェックしている。	
9	お客様に不満を感じさせないためのポイントを整理している。	
10	お客様に不満を感じさせないためのポイントをチェックして改善している。	
	《STEP 2：クレーム事例を集める》	
11	クレーム発生時の報告手順を決めて皆が知っている。	
12	クレーム報告をするとほめられるようになっている。	
13	お客様のちょっとしたこと（不満そうな態度等）でも報告するようにしている。	
14	クレーム事例集は誰もが見えるようになっている。	
15	クレーム事例集を全スタッフに見てもらっている。	
	《STEP 3：クレームを未然に防ぐ行動をする》	
16	クレームの発生頻度の多い内容を把握している。	
17	クレームの発生頻度の多い内容を解消するためのミーティングを行っている。	
18	クレームの発生頻度の多い内容を解消するための目標設定をしている。	
	《STEP 4：クレーム対応》	
19	クレーム対応のトレーニング（ロールプレイング）を行っている。	
20	トレーニング時にフィードバックをしている。	
21	クレーム対応のトレーニング（ロールプレイング）は定期的に全スタッフにしている。	
	《STEP 5：仕組にする》	
22	上記全てを仕組（流れ）にしている。	

※できているものに○をつけてください。○をひとつでも多くつけられるようにしましょう。
　クレームを未然に防ぐお店に近づいていきます。

【まとめ】

　クレームを言ってくるお客様だけがあなたのお店に不満を感じているのではない。クレームを言わないであなたのお店から去って行くお客様もいる。

　まずは不満を感じているお客様をひとりでも減らしていこう。するとクレームも減っていく。さらにはお店で起きたクレームを参考に、未然に防ぐことを徹底的に行っていくことである。

　クレーム対応が上手なお店が良いお店なのではない。お客様に不満を感じさせない、クレームを未然に防いでいるお店が良いお店なのだ。

《ポイント》

1　未然に防ぐ

　　クレームで大切なのは未然に防ぐことである。そのためにはどのようなことがクレームになっているのかを再度整理してみよう。そして、お客様のちょっとした変化に気付くお店にしよう。

2　起きた時に対応できるようにする

　　未然に防いでもクレームは起きる。起きた時の対応ができるように全スタッフをトレーニングしよう。新人スタッフもベテランスタッフもお客様から見れば一緒である。新人スタッフにもクレームトレーニングをしよう。

3　仕組みにする

　　気付いた時、思いついた時だけ行動しても意味がない。常にお店の中でクレームを未然に防ぐ、クレーム対応のトレーニングが行えるようにしよう。そのためには「流れ＝仕組み」にすることである。

Ⅰ　スタンダード向上

> すぐに使える簡単ツール③
> 「クレーム未然防止シート」

目的（何のためのツールか）
　◇クレームを未然に防ぐ
メリット（使うことでどのような効果があるのか）
　◇自店で起きやすいクレームに気付くことができる
　◇クレームを減らすことができる

　クレームが起こるということは、何かしらお客様に不満を与えているということです。お客様に不満を与えれば当然、再来店されなくなります。つまり、客数・売上に大きく影響します。
　クレームが起きたならばすぐに対応することです。そして、速やかな対応以上に大切なのはクレームを未然に防ぐことです。似たようなクレームがたびたび起きているようでは今の時代では売上・客数アップは難しいでしょう。クレームを未然に防ぐことを店舗で実施することです。
　そのためにクレーム未然防止シートを作成しましょう。クレームを未然に防ぐために自店で何をしなければならないのかをまとめて全員に伝えることです。
　シートを作成する前にあなたはクレーム事例を集めているでしょうか。まずはどのようなことが過去クレームになったのかを整理することです。整理すると実は同じようなクレームが多いことに気付くでしょう。店舗で起こるクレームの多くはほとんど同じようなことなのです。自店でどのようなクレームが多いのかを現状を把握することです。
　次に、自店で起こりやすいクレームをなくすためにはどうすれば良いかを考えましょう。あなた一人で考えるのも一つですが、できればベテランスタッフ等を交えて未然に防ぐ方法を話し合うことです。こうすることで皆が

3　クレームを未然に防ぐ店づくり

図表52

1．クレーム事例を整理します。
※クレーム事例を集めていない時にはスタッフを集めて
　過去のクレーム事例を出してもらう。

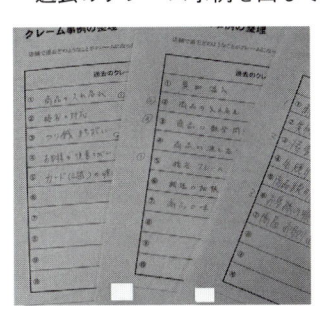

2．過去のクレーム事例から未然に防ぐ方法を皆で話し
　合い整理します。

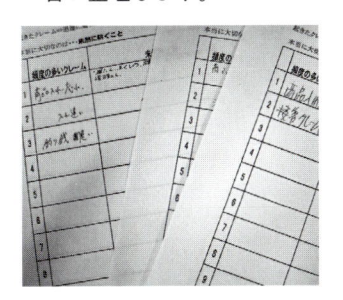

3．一枚（クレーム未然シート）にまとめます。
※新人スタッフへの初期トレーニング・ベテランスタッ
　フに対してのチェックシートとして活用します。

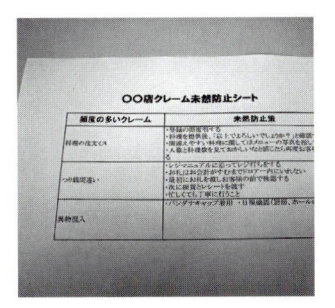

クレームに対して再度自分のこととして考えるようになるのです。話し合った結果を「クレーム未然シート」にまとめましょう。

クレーム未然シートの使い方は新人にはオリエンテーションや初期トレーニングでクレームの持つ意味や対応の仕方とともに未然に防ぐためにということで説明することです。そして、店舗では定期的に未然に防ぐ行動ができているかどうかシートを用いてチェックするのです。こうすることでクレームを減らすことができるのです。「クレームを未然に防ぐ＝お客様の不満をなくす」ことで客数減少・売上減少を解消することができるのです。

《ポイント》

1　整理する

　クレームは嫌だと皆が思いながらも案外整理されていないことが多いものです。整理されていなければ活用できません。まずは過去のクレーム事例を整理しましょう。

2　未然に防ぐ方法を共有する

　クレームは未然に防ぐことがポイントです。未然に防ぐためにはどうすればよいのかをまとめ全員で共有することです。ミーティングの場で伝え、またできているかどうかを定期的にチェックすることです。

> すぐに使える簡単ツール④
> # 「クレーム対応手順書」

目的（何のためのツールか）
　◇クレーム発生時の適切な対応を行う
メリット（使うことでどのような効果があるのか）
　◇クレーム発生時の対応がスムーズに行える
　◇二次クレームを防止できる

　お店を運営するうえでクレームは必ず起こります。大切なのはクレームが起きた時にすればよいのかを皆が知っていて対応できるかどうかです。クレームの対応一つでお店に対して良い印象をもってもらえるか、反対にさらに怒らせてしまい、取り返しのつかないことになることもあります。怒らせてしまう多くの原因は最初の対応のまずさです。
　店長がいる時間ならばまだ店長が対応すればよいのですが、クレームはいつ起こるかわかりません。店長がいない時に起こることも多くあるのです。その時にきちんとした対応がとれるかどうかがポイントになります。そこでクレーム対応手順を作成することです。
　クレーム対応手順とは、1枚の紙にクレームが起きた後の流れが書かれているものです。簡単な流れにしておくと、起きた時の対応がスムーズになります。紙にせずにひとり一人の判断に任せてしまうと思いもよらない対応をしてしまったり、何も対応ができなかったりということになってしまうのです。クレーム対応手順を作成してください。そして、全スタッフに伝えることです。伝えるだけではなく、事務所の良く見えるところに貼り出しておくことです。
　また、一度伝えたから大丈夫でなく、繰り返し確認することと、こういう場合にはどう対応するかということを日頃からスタッフに考えさせることも

Ⅰ　スタンダード向上

図表53

1．対応手順書を作成します。

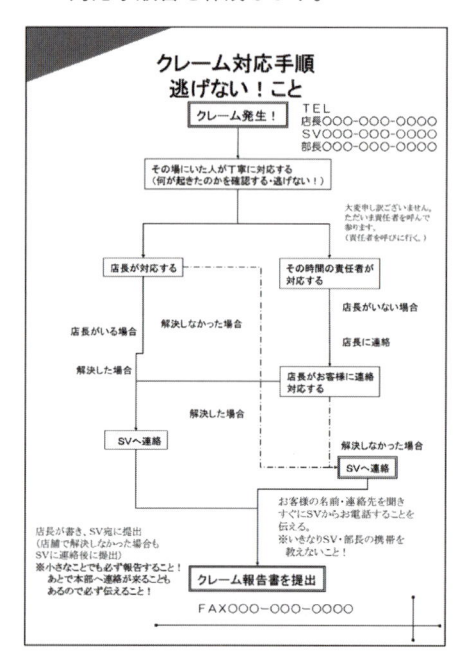

```
クレーム対応手順
逃げない！こと
              TEL
クレーム発生！  店長○○○-○○○-○○○○
              SV○○○-○○○-○○○○
              部長○○○-○○○-○○○○

その場にいた人がT寧に対応する
（何が起きたのかを確認する・逃げない！）

                         大変申し訳ございません。
                         ただいま責任者を呼んで
                         参ります。
                         （責任者を呼びに行く）

店長が対応する      その時間の責任者が
                   対応する

                         店長がいない場合
店長がいる場合  解決しなかった場合
                         店長に連絡
解決した場合
                   店長がお客様に連絡
                   対応する

        解決した場合  解決しなかった場合

SVへ連絡             SVへ連絡

                   お客様の名前・連絡先を聞き
店長が書き、SV宛に提出  すぐにSVからお電話することを
（店舗で解決しなかった場合も  伝える。
SVに連絡後に提出）    ※いきなりSV・部長の携帯を
※小さなことでも必ず報告すること！  教えないこと！
あとで本部へ連絡が来ることも
あるので必ず伝えること！  クレーム報告書を提出

              FAX○○○-○○○-○○○○
```

2．見えるところに貼り出します。

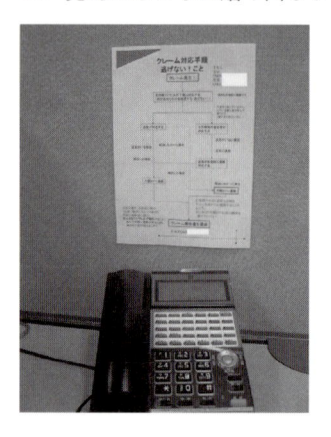

3．対応手順を繰り返し伝えます。

大切です。

　クレームに対してきちんと対応し、お客様として再来店してもらえるか、きちんと対応できずにお店に二度と来なくなってしまうかでは大きな違いになります。クレームの対応、特に店長がいない時の対応をしっかりするためにクレーム対応手順書を活用しましょう。

《ポイント》

1　対応手順を明確にする

　クレームが起きた時の対応がその後に大きく影響します。とくに店長がいないときに起きたクレームに対応ができているかどうかがポイントです。そのために対応手順を誰が見てもわかりやすいものを作成し貼り出しましょう。

2　繰り返し伝える

　一度対応手順を伝えたからといってできるものではありません。ミーティングや朝礼の時などに繰り返し伝えることです。そして、こういう場合にはどうするかなど質問して各スタッフに考えさせるようにしましょう。繰り返し伝えることで対応ができるようになるのです。

Ⅱ 売上アップ法

~店長が店舗で行う売上アップの取り組み~

4 週1回の売上ミーティング
「予算達成のためのミーティング法」

　お店の売上はどうだろうか。前年比でどれくらい売れているだろうか。売上アップよりも経費削減に力をいれ、人件費をはじめとする経費にのみ目を向けてはいないだろうか。

　売上は確実に上がる。ただし、まずは売上が上がることを信じることが大切である。「どうせ売上アップは難しいよ」と思っていれば売上はアップしない。まずは売上アップできると考え、そのうえで具体的な行動をとることだ。

【基本的な考え方】

　現実的に既存店の売上は伸び悩む傾向がある。だからといってあなた自身が売上はもう上がらないと思ってしまうのが一番の問題である。もう今は売上が上がらないと思った瞬間にあなたのお店の売上は上がらない。お店の責任者であるあなたがムリだと思えばムリなのだ。

　ところが、周りを見渡してみると売上を前年比以上に伸ばしてしているお店も存在する。売上を伸ばしているお店と伸び悩んでいるお店の違いは大きく二つある。売上を伸ばしているお店の店長は第一に売上が上がることを信じていること、第二に具体的な行動をしていることである。この違いだけである。

　図表54をチェックしてみよう。もし○が1個でもついたならば、あなたのお店にはまだまだ売上アップの可能性が眠っている。最初に売上は行動すれば確実に上がるということを心に刻んでおこう。売上は上がるという気持ち

図表54　チェックリスト※当てはまるところに〇をつけてみましょう

1	正直売上は上がらないと思う	
2	売上アップを考えるよりも経費削減を考えるべきだ	
3	現状、自分の力では売上アップは難しい	
4	今月の売上予算を言えない	
5	昨日までの売上実績と予算の対比が言えない	
6	予算達成のために一日いくらの売上が必要かわからない	
7	今日いくらの売上が必要かわからない	
8	売上アップのための具体的な計画がない	
9	売上アップのための具体的な行動が乏しい	
10	売上アップのためのミーティングを行っていない	

※ひとつでも〇がついたなら、まだ売上アップの余地があります。

がなければ結果は出ない。

【売上アップに向けて】

売上アップにむけて最初に取り組むことは数値を把握することである。あなたに質問しよう。あなたは自店の今月の売上予算（目標）を言えるだろうか。昨日までの売上予算（目標）と実績と差額を言えるだろうか。今月の売上予算（目標）達成まであといくら必要で、一日いくら売らなければならないのかを言えるだろうか。

現在の状況を数値で把握していないのに結果は出ない。まずは現状をきちんと数値で把握できるようにする。

目指すべき数値もわからないし、現状もわからないのであれば売上アップしないのは当たり前である。数値を把握し、次に結果を出すために具体的に何を行うのかを考えることである。「売上をアップしたい、何とか予算をクリアしたい」だけでは気持ちだけになってしまう。気持ちを結果に移すためには具体的に何を行うのが必要である。

簡単に言えば「売上＝客数×客単価」である。つまり、売上をアップするには客数と客単価のいずれか、または両方を上げるためにはどうすればよい

かを考える。そして、考えたことを実行する。

　もうひとつ売上アップに向けて考えなければならないのは、来られたお客様に不満を与えないことである。来店されたお客様が不満を感じれば二度と来なくなるだけでなく、悪い口コミをしてしまう。通常、不満を感じる原因はスタンダードが徹底されていないことだ。基本となるスタンダード、つまり当たり前のことが当たり前に常に行われているかどうかがポイントである。

　売上アップを考える時には、来られたお客様が再度足を運んでもらえるようにスタンダードも合わせて見ていくことが必要である。どんなに売上アップをしてもスタンダードがきちんとできていなければ、どんどんお店の悪い口コミが広まっていき、その結果、売上が下がってしまう。売上アップと同時にスタンダードも考えることである。

【売上アップのためのミーティング開催】

　売上アップのためには数値を把握し、常に売上アップに向けて具体的に考え行動することが大切である。この流れをつくるには定期的にミーティングを行うことだ。現在の状況（数値と行動結果）と具体的な今後の行動を考える時間を持つことである。

　ミーティングの開催頻度は週1回が望ましい。月1回では間が開きすぎる。1週間で結果をみて行動するという流れを作る。週1回売上アップのことを考えることで結果が出やすくなる。ミーティングは店長を一同毎週集められる場合には会社全体で、またはエリア（地区）ごとに、それも難しいときには各店舗ごとに進めていく。

　大切なのは毎週継続して実施することである。継続するにはどういう開催の仕方が良いかをぜひ考えてほしい。営業に支障をきたさずに集めることである。できれば毎週月曜日の15時からというように曜日と時間を決めてしまおう。時間は1店舗あたり約15分である。例えば4店舗で実施する場合は60分、8店舗なら120分を目安にしてもらいたい。自店舗内だけで行う場合に

は、店長・社員・主要パート・アルバイトを集め、長くとも30分を目安にする。

【ミーティング準備】

　週1回のミーティングを継続するためには準備が必要である。図表55のような1枚に収まる報告書を作成し、ここに毎回書いて準備する。この準備をしっかりしてこないと、せっかくのミーティングがムダになるばかりか、時間がかかり継続が難しくなる。準備に手間が掛からないように1枚に簡単に収まる報告書が望ましい。

　ここには、①数値の把握、売上予算と実績差額、②結果報告（機会点＝良かった点、伸ばしていく点・改善点）、③売上アップの具体的な行動（客数アップ・客単価アップ）、④スタンダード維持向上の具体的な行動の4項目が最低限必要である。あとはミーティングを実施しながら項目を追加してもらいたい。ただ、最初ミーティングが軌道にのるまでは、この4項目だけで簡潔にすることをお勧めする。

　自店舗内で行う場合には数値を参加者に伝え、③売上アップの具体的な行動（客数アップ・客単価アップ）、④スタンダード維持向上の具体的な行動を考えさせる。

【ミーティング実施】

　では、実際にミーティングを実施しよう。繰り返しになるが、ミーティングで結果を出すためには資料を前もって準備することである。前もっての準備が難しいようであればミーティング開始前に集まり、最初に資料を準備させることである。ミーティングを行うことが大切ではなく、結果を出すことが重要である。結果を出すには準備が必要だ。週1回のミーティングを成功させるにはできるだけ短時間で行うことだ。

　ミーティングを始めるにあたって短時間で結果を出すために簡単な決まり事（ルール）を設けよう。ルールは単純に「行動したことのみを発表する」

Ⅱ 売上アップ法

図表55 営業報告・行動計画書

				店舗名 今日までの日数		日間	店長名 残り日数		日間
月予算：①			月着地 予想：②			差額②－① と進捗率			％
昨日まで の売上 （円）	昨日までの予算売上			昨日までの実績					
				昨日までの累計		予算達成率		差額	

機会点（伸ばすべき点）とその理由

課題点（改善すべき点）とその理由

	内容		誰が	何を	いつ、 いつまでに	どうする	どのようにして	（目標数値）
今後の方向性 （具体的に記入）	売上	新規顧客						
		既存顧客						
		客単価						
	商品							
	接客							
	清掃							

※この報告書を参考に自社・自店にあったものを作成してください。

ということだ。できなかったこと、やろうと思ったけどやらなかったこと、つまり行動しなかったことに関しては一切話をさせない。なぜならば、できなかった話の多くは言い訳になるからだ。せっかくの貴重な時間を「言い訳」だけで終わらせないようにする。この言い訳で時間をつぶしてしまっているミーティングがあるので最初に言い訳ができない状態にしてしまおう。

　次に、司会を決め、司会がミーティングを進めていく。内容はひとりずつ準備した報告書をもとに発表していく。発表内容は単純に、売上実績・売上予算・達成率・差額・機会点（良かった点・伸ばしていく点）と改善点（悪かった点・改善していく点）、それに対して新規顧客獲得のために何をするのか、既存顧客の再来店を促すのに何をするのか、さらにお店のスタンダードを向上させるのに何をするのかである。このときの注意点は、**結果よりも今後の行動に重きを置くことである**。数値や結果報告に対して「なぜ達成しなかったの」「何が原因なの」「なぜやらなかったの」と聞いてはいけない。その質問では返ってくる答えは言い訳やできなかった理由になってしまう。それよりは今後の行動に全員の目を向けさせることだ。仮に過去の結果に目が向きそうな時には司会が「結果はわかりました。では今後どうしますか？」と今後の行動に目を向けるように進めていく。

　自店舗内で行う場合には店長が司会をし、結果報告をし、参加者各自が今後の行動を発表する。

　そして、もう一つのポイントは、成功事例に目を向けることだ。失敗した事例は話しづらくても、成功事例は話しやすいし聞きやすい。また、聞いて参考になるのは成功事例である。成功事例はもう成功していることで、行えば結果が出ることが分かっていて行動に移しやすい。成功事例に注目するように進めていこう。

【ミーティングで結果を出すために】

　このミーティングで結果を出すためには今後の行動をできるだけ具体的にすることである。**具体的にすればするほど行動に移しやすい**。具体的とはい

つ、だれが、何を、どうする、どのようにして、どのくらいというところまで落とし込むことだ。ミーティング時にはこの今後の行動を具体的にすることがポイントである。

　今後の行動（目標）には基準をもつことである。基準は２つ。この目標を実行したなら、①お客様に満足してもらえる、喜んでもらえるか、②スタッフは喜ぶか、達成感が得られるか、である。この２つにあてはまっていないと店長の自己満足に終わってしまうので要注意である。

　発表後に「今後の行動に対して質問・提案がありませんか」と司会が投げかける。発表内容が具体的でなく質問が出ないならば、司会がその場で、いつ・だれが等を確認する。

　また、なかなか質問・提案が出ない場合には、発表に対して全員にフィードバックカード（図表56）を書いてもらい発表してもらうと効果的である。参加者各自からフィードバックカードに記入した機会点（良い点・伸ばすべき点）と提案（こうしたらもっとよくなる点）を発表する。時間がとれるならば全員に、時間がないならば司会が何名か指名して発表してもらう。そし

図表56

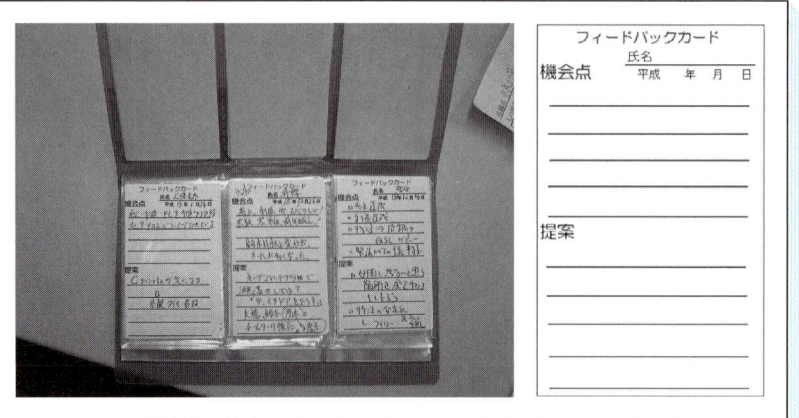

ファイルを購入し各自からもらったフィードバックカードをまとめておくと、後で読み返すことができ行動することの手助けになります。

4　週1回の売上ミーティング

て、最後にフィードバックカードは発表者に全員渡すのだ。

　ここでのポイントは必ず提案を書くことである。発表者にとって必要なのは提案（新たなアイデア）である。書くほうはこんなことを書いたら気分が悪くなるのでは、こんなのはできないかも……と考えずに思ったことを率直に書きこもう。提案内容を受け取るかどうかは相手しだいである。最後に発表者が再度今後の行動について質問・提案を参考にし、どうしていくのかを発表する。

　自店舗内で行う場合には各自の行動に対してより具体的になるようにして

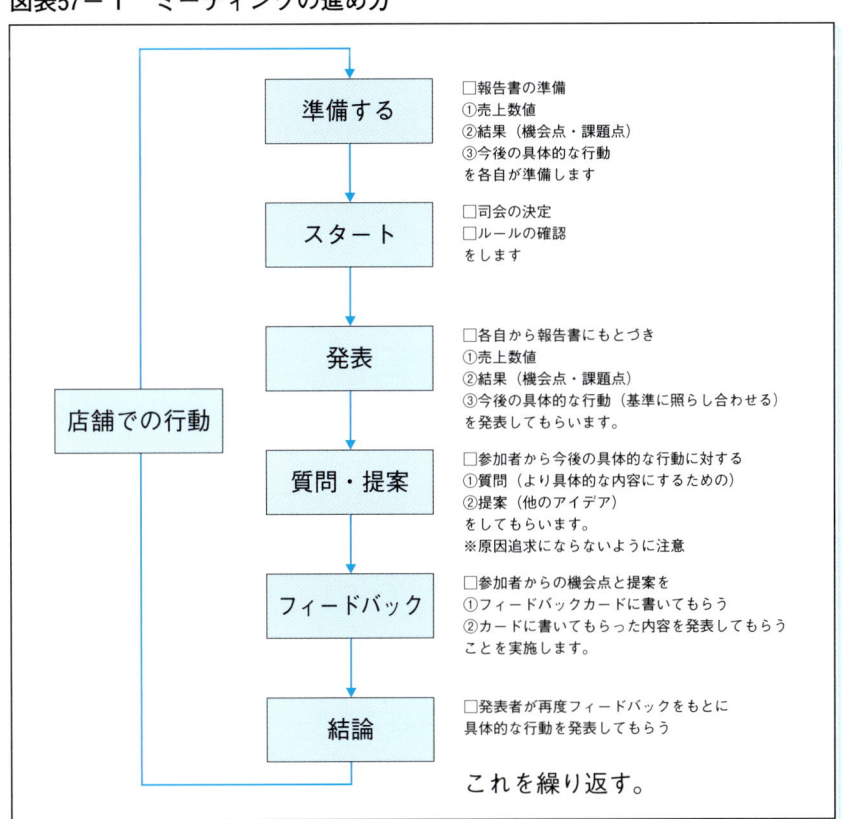

図表57-1　ミーティングの進め方

```
┌─────────────────────────────────────────────────────────────┐
│                  ┌──────────┐   □報告書の準備                │
│              ┌──▶│ 準備する │   ①売上数値                    │
│              │   └────┬─────┘   ②結果（機会点・課題点）      │
│              │        │         ③今後の具体的な行動          │
│              │        ▼           を各自が準備します         │
│              │   ┌──────────┐   □司会の決定                 │
│              │   │ スタート │   □ルールの確認                │
│              │   └────┬─────┘     をします                   │
│              │        │                                       │
│              │        ▼         □各自から報告書にもとづき    │
│              │   ┌──────────┐   ①売上数値                   │
│              │   │   発表   │   ②結果（機会点・課題点）     │
│              │   └────┬─────┘   ③今後の具体的な行動（基準に │
│  ┌────────┐  │        │           照らし合わせる）           │
│  │ 店舗での│  │        ▼           を発表してもらいます。    │
│  │  行動  │  │   ┌──────────┐   □参加者から今後の具体的な   │
│  └────────┘  │   │質問・提案│     行動に対する              │
│              │   └────┬─────┘   ①質問（より具体的な内容に   │
│              │        │             するための）              │
│              │        │         ②提案（他のアイデア）       │
│              │        │           をしてもらいます。         │
│              │        │         ※原因追求にならないように注意│
│              │        ▼                                       │
│              │   ┌──────────┐   □参加者からの機会点と提案を  │
│              │   │フィードバック│ ①フィードバックカードに書い│
│              │   └────┬─────┘       てもらう                  │
│              │        │         ②カードに書いてもらった内容を│
│              │        │           発表してもらう              │
│              │        ▼           ことを実施します。         │
│              │   ┌──────────┐   □発表者が再度フィードバックを│
│              └───│   結論   │     もとに                      │
│                  └──────────┘     具体的な行動を発表してもらう│
│                                                                │
│                                    これを繰り返す。            │
└─────────────────────────────────────────────────────────────┘
```

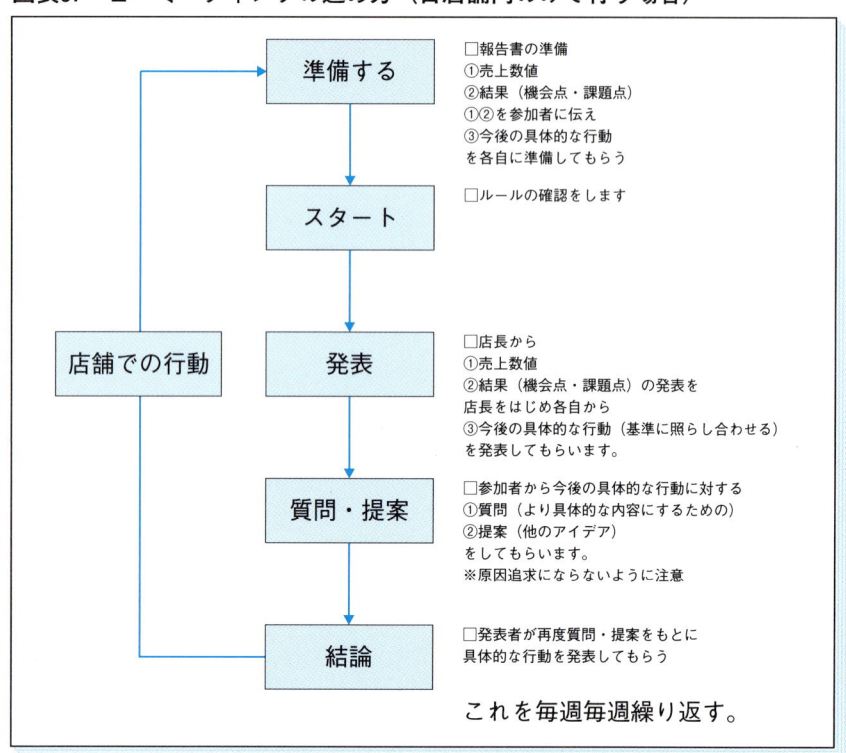

図表57-2　ミーティングの進め方（自店舗内のみで行う場合）

```
                    ┌──────────┐   □報告書の準備
              ┌────→│ 準備する │    ①売上数値
              │     └──────────┘    ②結果（機会点・課題点）
              │          ↓          ①②を参加者に伝え
              │                     ③今後の具体的な行動
              │     ┌──────────┐   を各自に準備してもらう
              │     │ スタート │
              │     └──────────┘   □ルールの確認をします
              │          ↓
  ┌────────┐ │     ┌──────────┐   □店長から
  │店舗での│ │     │  発表    │    ①売上数値
  │ 行動   │ │     └──────────┘    ②結果（機会点・課題点）の発表を
  └────────┘ │          ↓          店長をはじめ各自から
              │                     ③今後の具体的な行動（基準に照らし合わせる）
              │     ┌──────────┐   を発表してもらいます。
              │     │質問・提案│
              │     └──────────┘   □参加者から今後の具体的な行動に対する
              │          ↓          ①質問（より具体的な内容にするための）
              │                     ②提案（他のアイデア）
              │     ┌──────────┐   をしてもらいます。
              └─────│  結論    │   ※原因追求にならないように注意
                    └──────────┘
                                    □発表者が再度質問・提案をもとに
                                    具体的な行動を発表してもらう

                                     これを毎週毎週繰り返す。
```

いくことと、提案を各自からさせる。そして、最後に一人ずつ取り組むことを再度発表する。

【まとめ】

　売上アップは難しいことではない。数値・結果を把握する。具体的な行動計画を立てる。行動する。数値・結果を把握する。これを繰り返していくだけである。この流れを1週間単位で行っていくことだ。1週間単位で計画を立て、実行し、その結果を継続して見ていく（図表57）。

　継続するためにミーティングの時間はできるだけ短くする、そのために準備の徹底とミーティングでは今後に目を向けた内容にすることが大切であ

る。そして、結果を出すために今後の行動をより具体的にするために周りからは質問・提案することだ。この流れを継続していくことで結果が出やすくなる。

　ただし、結果は短期間では出ない。結果が出るまで最低でも３ヶ月はかかることを覚えておいて欲しい。簡単に売上が上がる方法は簡単に売上が下がりやすい。売上を継続してアップさせるには地道なことの継続（繰り返し）が必要である。

《ポイント》

1　週間単位で考える

　１ヶ月では遅すぎる。毎週曜日を決めて売上アップのミーティングができるようにしよう。毎週みていくからこそ結果が出やすい。

2　数値の把握と具体的な行動を考える

　売上がなかなかアップしないお店は自分のお店の売上を把握していないことが多い。まずは売上実績・売上予算（目標）とその差額、月で達成するには残りどれくらいの売上が必要かは抑えられるようにしよう。また、数値結果を踏まえて具体的に何をしていくのかを考えよう。

3　継続する

　１回、２回では結果が出ない。結果が出るにはどうしても３ヶ月以上かかる。結果が出るまでは時間がかかるが継続して行うようにしよう。そのためには毎週曜日を決めて実行することだ。必ず責任者を決めて取り組もう。

5　競合店対策
「競合店調査から売上アップに結びつける方法」

　競合店は自店にとっての脅威となる。当然のことながら店舗の近くに競合店ができたならば、すぐに自店の売上に影響してくることは容易に想像できる。

　だが、競合店ができた、または近くにあるからといってそれを自店の売上減少の理由にしてはいけない。競合店ができる、または競合店があることはピンチだが、手の打ち方によってはチャンスになるのだ。心の中で「大変だ。どうしよう」と悩んでいても何も解決しない。行動あるのみ。実際にどのように行動すれば良いのかを見ていくことにしよう。

【基本的な考え方】

　あなたのお店の競合店はどこだろうかと言われて、すぐに答えられる人は、いつも競合店を意識している店長である。ところが言われてから考えているようでは遅すぎる。それは競合店を全く意識していないことである。「そんなことを言ったって日々の営業が忙しくて」や「人が足りずにそんなことをしている暇はありません」というかもしれない。

　だが、競合店を知り、常に気にすることは大切なことである。なぜならば、競合店がある限りあなたの店舗の売上が脅かされる恐れがあるからだ。

　競合店があるということは本来あなたのお店を利用する可能性がある人が競合店を利用しているということである。競合店にお客様が流れれば流れるほどあなたのお店の客数と売上は下がってしまうのだ。反対に競合店からあなたのお店にお客様が流れれば自店舗の売上を上げるチャンスになるだろ

う。つまり、そこに自店舗の売上をあげるチャンスが眠っているのだ。これは売上を獲得する最大のチャンスである。だから、競合店を知ることは重要なのである。

STEP1：競合店を見つける

　あなたのお店の競合店はどこだろうか。実は、あなたが思い浮かべている競合店と本当の競合店は違うことが結構ある。あなたが思い浮かべた競合店は距離が近いとか、同じ業種・業態だからといったことで選んでいないだろうか。

　では、本当の競合店を知るにはどうすればよいのだろうか。答えは単純で、お客様に直接聞くことだ。あなたがレジで帰りのお会計やまた来店されて商品を探しているお客様にそれとなく聞いてみよう。すると実は思いもしなかった店の名前が出てくることがある。お客様に聞いて出てきたお店が真の競合店なのだ。特に一番多く出たお店が最大のライバルである。

STEP2：自店舗を知る

　STEP1で見てきたように、競合店を知り、対策を実施することは売上獲得の最大のチャンスである。だが、ここでいきなり競合店を調査するのではなく、まずは自店舗を知ることが大切である。自分のお店をきちんと知らなければ対策の打ちようがない。最初に「自店舗チェックシート」（図表58）を用いてチェックしよう。

　チェックしてみると案外自分のお店のことを知らないことが多いことに気付くだろう。実際に私達が自分のお店のことはよく知っていると思っていても、知っている部分が偏っていることが多い。チェックシートにしてチェックしてみると、自店のことを再度客観的に見ることができる。このようにチェックシートを用いることと定期的に（せめて6ヶ月に1回）見ていくことがポイントになる。

　自店舗を見るうえで最大のポイントは自店の強み（＝良い点）をできるだ

Ⅱ　売上アップ法

図表58　自店舗チェックシート

店舗名＿＿＿＿＿＿＿＿＿　　記入者名＿＿＿＿＿＿＿＿＿

■店舗基礎データ

☐規模＿＿＿＿＿＿＿＿＿㎡　　☐駐車台数＿＿＿＿＿台　　☐業種・業態＿＿＿＿

☐入口＿＿＿＿＿箇所　　☐営業時間＿＿＿＿：＿＿＿～＿＿＿：＿＿＿

■データ（自店舗のターゲットと利用組数）

☐お客様の主要年齢＿＿＿＿＿歳　　☐主要客層＿＿＿＿＿　　☐利用組数＿＿＿＿＿

☐お客様はどこから来ることが多いか

☐お客様はどちらに行くことが多いか

☐来店時の多い交通手段＿＿＿＿＿＿＿　　☐来店頻度＿＿＿＿＿回

☐店舗認知理由（店舗を何で知ったか）

☐お客様が自店舗を選ぶ理由

☐自店舗の競合店は

■商品（現状どうなっているのかを記入する）

☐品揃え

☐品質

☐価格

☐平均客単価＿＿＿＿＿＿円

■接客

■プロモーション（現在実施しているプロモーションを記入する※メニューを除く）

☐店頭POP（例：のぼりイーゼル・バナーなど）

☐店内POP（例：ポスターなど）

☐販売促進（例：割引券・スタンプカードなど）

■自店舗の強み

①
②
③
④
⑤

■自店舗の弱み

①
②
③
④
⑤

け多く見つけることである。案外自分のお店を見た場合に「できていない」箇所が最初に目に付くことが多い。「ここもダメ、あそこもダメ、ここはもっとこうすれば……」などと否定的な意見になることが多い。

　強み＝良い点が一つもない店など存在しない。どこのお店も課題もあれば必ず良い点もあるものだ。どんな些細な事でもかまわない。この「強み」を見つけることが大切なのだ。強みを見つけるためにはじっくりと自分のお店を見なければならない。

　※ここではできるだけ、強み＝良い点を継続して伸ばしていくことを考えよう。例えば強みが「入り口の清掃状態がよい」だったならば、これを店舗の事務所にうちのお店の良い点ということで貼り出し、全従業員に伝える、これだけでも入り口の清掃状態は継続して良くなっていくだろう。人は案外今できていることをほめられると継続してやっていくものである。

STEP３：競合店を知る

　自店舗を分析したならば、次に競合店を知ることだ。そのためにまずはSTEP１で書いたように、お客様から競合店を聞くことを実施してほしい。繰り返しになるが、私達が考える競合店と真の競合店が違うことがよくある。例えば、自分では飲食店だから競合店は飲食店だろうと考えていながら、実際にはコンビニエンスであったり、スーパーの惣菜であったり、お弁当屋であることなども多いのだ。

　今は競合も多様化している、近いから、同じ業種だからでは当てはまらない。この競合店を見誤るとせっかくの対策が意味のないものになってしまう。競合店はお客様から聞き特定することだ。

　競合店を特定したならば、次に行うのが実際に競合店に行き、競合店を見る。競合店のチェックは早ければ30分、時間を掛けても１時間程度で終わらせることができる。時間がないと言う人がいるが、１ヶ月のうちの30分であれば捻出できるだろう。時間ができたらではなく、自分で時間を作ることが

大切だ。〇月〇日の〇時に行くと決めてしまうことである。決めないからいつまでたっても時間が作れない。また、競合店を見るのは定期的に行うことだ。1週間に1回、1ヶ月に1回と決めて見るようにしよう。競合店もさまざまなことに取り組んでいる。ちょっとした変化に気付くためにもこまめに見ることである。困ったときに見に行く、たまに見に行くのでは、お客様を競合店に取られてしまう。

　競合店調査でも同様に、競合店調査シート（図表59）を用いてチェックしていく。ここでも同様にできるだけ良い点を見つけていこう。競合店もできていない点、アラは良く見えるのだが、どうしても良い点は見えにくい。だから相手の良さを徹底的に探ることである。それとともに弱い点もみつけていこう。

　※ここでは競合店の弱みを徹底的につくことだ。自店舗の強みで競合店ができていないことを徹底的に実施しよう。この段階では、競合店の強みに真っ向から勝負しない。同じ時間と労力を費やすならばまずは自分のお店の強みを伸ばしていくほうが効果が出る。

　また、競合店調査で行ってほしいのは競合店を利用されているお客様にそれとなく聞く。聞く内容は大きく2つ。①なぜこのお店を利用するのですか、②なぜ他の店を利用されるのですか、である。直接お客様に聞くことで競合店の強み、自店舗の弱みを知ることができる。

STEP 4：自店舗と競合店を分析する

　自店舗の強みと弱み、競合店の強みと弱みを洗い出したならば次に行うことは自店舗と競合店の分析を行う（図表60）。店舗分析シートを用いて分析するとわかりやすい。自店舗調査シートの内容と競合店舗調査シートから書き換え、そして強み・弱みから大きく4つに分ける。（図表60①②）

　① 「自店舗が強く、競合店も強い」自店舗の強みにも書かれており、競合店の強みにも書かれている項目を書いていく。

　② 「自店舗が強く、競合店の弱い」自店舗の強みに書かれていて、競合

5　競合店対策

図表59　競合店調査シート

競合店舗名	調査日	天気

店舗外観写真　　　　　　　　　店舗周辺地図（自店舗との位置関係距離を記入）

┌ 店舗基礎データ ─────────────────────────
規模：　　　　　㎡／駐車台数　　　台　　業種・業態：
入口：　　箇所／全幅　　　m　　　　営業時間　：　　　　　　客層

■商品
　☐品揃え　：自店舗と比べて、　良い・同じ・悪い
　　コメント：
　☐品質　　：自店舗と比べて、　良い・同じ・悪い
　　コメント：
　☐メイン商品の単価：自店舗と比べて、　高い・同じ・安い：　　　円
　☐平均搬入単価　　：自店舗と比べて、　高い・同じ・安い：　　　円
■接客
　☐自店舗と比べて、　良い・同じ・悪い
　　コメント

■プロモーション
　☐店舗POP
　☐店内POP
　☐販売促進　内容：
　　　　　　　期間：
☐その他気がついた点

競合店の強み：自店舗において学ぶべき点	競合店の弱み：自店舗に強める点
☐	☐
☐	☐
☐	

Ⅱ 売上アップ法

図表60 店舗分析シート

①

	自店舗調査シート	競合店調査シート
店　名	レストランA	和食B
規模（席数）		
駐車台数		
入　口		
営業時間		
客　層		
品揃え		
品　質		
メイン商品価格		
客単価		
接　客		
店頭POP		
店内POP		
販売促進		
立　地		

	自分店舗の強み・弱み	競合店舗の強み・弱み
	a：自店舗の強み	b：競合店舗の強み
強　み		
	c：自店舗の弱み	d：競合店舗の弱み
弱　み		

②

自店舗・競合店分析

自店舗強い

①自店舗も強く、競合店も強い ①商品	②自店舗が強く、競合店が弱い ①商品
②接客	②接客
③プロモーション	③プロモーション
④その他	④その他
③自店舗が弱く、競合店が強い ①商品	④自店舗が弱く、競合店も弱い ①商品
②接客	②接客
③プロモーション	③プロモーション
④その他	④その他

競合店強い　　　　　　　　　　　　　　　　　　　　　　競合店弱い

自店舗弱い

③

方向性～目標設定

設定例
①目標
具体的な行動
②目標
具体的な行動

Ⅱ 売上アップ法

図表60 店舗分析シート（例）

※例は飲食店ですが小売店でも活用できます。

①

		自店舗調査シート	競合店調査シート
店 名		レストランA	和食B
規模（席数）		60席	40席
駐車台数		30台	15台
入 口		2箇所	1個所
営業時間		24時間	11：00～22：00
客 層		ファミリー・女性客	ファミリー・女性客
品揃え		洋食（ファミリー向け）	和食（ファミリー向け）
		ドリンク類が多い	ドリンク類が多い
		デザートが少ない	デザートが少ない
		フェアーメニューがある（毎月変わる）	メニューが固定化されている
品 質		パート・アルバイト中心：加工品中心	料理人がいる：手作り中心
		味が一定	味がよい
		味が可もなく不可もない	家庭で作れない料理がある
			料理によって量にばらつきがある
			料理に時間がかかる
メイン商品価格		1,200円	2,000円
客単価		1,500円	3,500円
接 客		人により接客にばらつきがある	丁寧
		あいさつがしっかりしている	あいさつがしっかりしている
		ピーク時にも人数が足りている	ピーク時に人数が足りていない
店頭POP		バナーやポスターなど多数	特になし
店内POP		多い	特になし
販売促進		スタンプカード	昔からあるため認知度が高い
立 地		駅近く	交差点近く
		自分店舗の強み・弱み	競合店舗の強み・弱み
		a：自店舗の強み	b：競合店舗の強み
強 み		料理提供が早い	料理の質が高い
		フェアーメニューがある	家庭で作れない料理がある
		価格が安い	接客が丁寧である
		味が一定	道路からわかりやすい
		料理提供が早い	老舗なので地元の人に知られている
		店頭・店内POPが充実している	ファミリー・女性向けの料理が充実している
		スタンプカード等販売促進をしている	和食に特化している
		道路からわかりやすい	ドリンク類が充実している
		ファミリー・女性向けの料理が充実している	接客時のあいさつがしっかりしている
		洋食に特化している	
		ドリンク類が充実している	
		接客時のあいさつがしっかりしている	
		ピーク時に人数が足りている	
		パート・アルバイトが推奨販売が得意	
		c：自店舗の弱み	d：競合店舗の弱み
弱 み		料理が可もなく不可もなくである	料理提供が遅い
		家庭で作れる料理が多い	料理が固定化されている
		接客にばらつきがある	価格が高い
		チラシやDM等の販促をしていない	味にばらつきがある
		地元の人にはあまり知られていない	料理提供が遅い
		デザートが少ない	店頭・店内POPがない
			販売促進をしていない
			チラシやDM等の販促をしていない
			デザートが少ない
			ピーク時に人数が足りていない
			パート・アルバイトが推奨販売が苦手

5 競合店対策

②

自店舗・競合店分析

自店舗強い

①自店舗も強く、競合店も強い	②自店舗が強く、競合店が弱い
①商品	①商品
□ファミリー・女性向けの料理が充実している	□料理提供が早い
□専門料理に特化している	□フェアーメニューがある
□ドリンク類が充実している	□価格が安い
	□味が一定
②接客	②接客
□あいさつがしっかりしている	□ピーク時に人数が足りている
	□推奨販売ができる
③プロモーション	③プロモーション
□道路からわかりやすい	□店内・店頭POPが充実している
	□スタンプカード（販促）を実施している
④その他	④その他
③自店舗が弱く、競合店が強い	④自店舗が弱く、競合店も弱い
①商品	①商品
□料理の質が高い	□デザートが少ない
□家庭で作れない料理がある	□専門料理以外は少ない
②接客	②接客
□接客が丁寧である	
③プロモーション	③プロモーション
□老舗なので地元の人に知られている	□チラシやDMを行っていない
④その他	④その他

競合店強い（左） 競合店弱い（右）

自店舗弱い

③

方向性～目標設定

設定例
①目標　あいさつの徹底
あいさつの重要性を各自に伝える
店長自ら、大きな声でのあいさつを実施する
元気のよいあいさつをしているパート・アルバイトを毎日朝礼の場でほめる
ミーティングを通して、社員・パート・アルバイトリーダーのあいさつを徹底させる
新人パート・アルバイトには毎回あいさつトレーニングを実施する
②目標　料理提供スピードの徹底
具体的な行動
できた料理をすぐに運ぶことの重要性を伝える
料理提供をスムーズにするために新人パート・アルバイトのオーダー通しのトレーニングの徹底
キッチンとフロントの定期ミーティングを実施する

店に全く書かれていないまたは競合店の弱い点に書かれている項目を書いていく。

③ 「自店舗が弱く、競合店が強い」自店舗の弱みに書かれているまたは全く書かれていないで、競合店の強みになっている項目を書いていく。

④ 「自店舗が弱く、競合店が弱い」自店舗の弱みに書かれているまたは全く書かれていない、競合店の弱みに書かれているまたは全く書かれていない項目を書いていく。

ここでは、自分の思い込みや偏見をなくし、チェックシートの事実のみで記入していくことだ。それと、この分析をきちんと行うことが次の目標設定から実施にかけての成功と失敗につながる。分析ができていなければ誤った目標設定をすることにもなりかねない。

STEP5：目標を立てる

こうして4つに分けたならば、次に実際に店舗で何を行っていくのかを目標を立てることである（図表60③）。私達が最初に取り組むのは、①「自店舗が強く、競合店も強い」の箇所である。ここはあなたが気を抜いたら一気に主導権を握られてしまう。継続して強くしなければならない。例えば自店舗の接客は良く、競合店の接客が良いならば接客のトレーニングを継続して行い、接客では絶対に負けないようにする。

次に「自店舗が強く、競合店が弱い」②の箇所の項目を徹底していくことだ。自分達の強み、つまり、今できていることで相手ができていないことを徹底的に強化していく。今できていることを伸ばすのは案外簡単だが、今できていないことをできるように変えていくことは非常に難しい。だから、この箇所をより一層強めることに挑戦してほしい。例えば、自店舗は店頭にのぼりなどでアピールをしている。競合店はしていなければ、店頭のアピールを強めていく。この①と②は徹底的に実施することである。

その次に③自店舗が弱く、競合店は強い、一点に絞り、その一点を徹底的に磨くことで相手に勝つ。例えば自店舗のデザート類は少ない、競合店はデ

ザート類が豊富な場合、目玉となるデザートメニューを作成する。だが、この③は最初は気にしなくてもよい。そして、④自店舗が弱く、競合店も弱い、相手も弱く、自分も弱いところはあえて触れないことだ。あれもこれもやろうとするのではなく、①と②で一つずつ**目標を決め、必ず達成できるようにする**ことが大切である。目標を立てることがゴールではなく、実行していくこと＝自店舗の強みを継続して強くしていくことが重要なのだ。

STEP６：繁盛店を見る

　競合店を見るのとともに、ぜひ見てほしいのは繁盛店である。繁盛店には必ず成功している理由がある。それを学び自店舗に生かしていくことである。

　競合店の良い点を学んでも、しょせん競合店と同レベルになってしまう。**競合店を超えるには繁盛店の良い点を吸収する**ことである。繁盛店をたくさん見ることで、良い点をたくさん吸収でき、また、店舗ごとに比較し生かすことができる。

【まとめ】

　私たちは知らず知らずのうちに日々の営業に追われ、自分のお店以外を見ていないことが多い。だが、競合店を知らないことはとても恐いことである。敵が攻めて来ているにもかかわらず、何も手を打たなければ売上や客数に顕著にあらわれるだろう。

　競合店があるから売上が上がらないなどと言い訳の材料にするのではなく、競合店から一人でも多くのお客様を自店舗に引き寄せようと前向きに考えて欲しい。**自店舗を分析し、競合店を分析する。そして自店舗の強みを伸ばしていく。これがポイント**である。自店舗の強みをみせることによって、本来競合店を利用しようとしていた人をこちらに引き寄せることができるのだ。

　最後にもう一つ「スタンダード」の徹底、つまり「当たり前のことが当た

り前」にできている店舗であることも重要である。せっかくお越しいただいたお客様に不満を与えたならば本末転倒である。「当たり前のことを当たり前にできる店」にする、そして、自店舗の強みを徹底的に磨いたならば必ずあなたのお店にお客様は集まるのだ。

《ポイント》

1　競合店調査を実施する

　競合店があるということはまだまだ売上アップが見込めるということだ。時間がないと言わずに自店舗調査と競合店調査を実施する。

2　強みを伸ばす

　弱みにエネルギーを注いでも結果は出にくい。自店舗の強みを伸ばすことに全力を尽くすことだ。

3　スタンダードは守る。

　スタンダード＝当たり前のことは当たり前にできている状態を維持する。スタンダードが守られていなければ競合店からお客様を呼び込めても結果が出ない。

6　売上アップのために店舗の認知度を高める
「店長が行う新規のお客様の集め方」

　どのお店も売上アップのために集客をするために多くのことに取り組んでいるだろう。実際に、リピーターを増やす、客単価を上げるなど、さまざまなことに取り組んでいるだろう。売上アップで特に力を入れて欲しいのは新規のお客様を獲得することである。

【基本的な考え方】

　売上を上げるためには客数を増やすか客単価を上げることだ（図表61）。あなたのお店では売上アップのためにどのようなことに取り組んでいるのか、一度整理をしてみよう。客数アップのために取り組んでいることと、客単価アップのために取り組んでいることを箇条書きにしてみよう（図表62）。

　箇条書きにするとどうだろうか。客数アップと客単価アップとどちらの取り組みが多いだろうか。今の厳しい時代では特に客数アップを考えることが必要である。客単価アップを重視すると結果として割高に感じ、来店頻度の減少（＝客数減少）につながってしまう。これでは長い目で見ると意味がない。客単価アップ以上に客数アップのことを考え行動することである。

図表61

売上　＝　客数　×　客単価
※売上を上げるには「客数」または「客単価」をあげる

Ⅱ　売上アップ法

図表62

客数アップで取り組んでいること	客単価アップで取り組んでいること
◇	◇
◇	◇
◇	◇
◇	◇
◇	◇

図表63

客数アップで取り組んでいることをさらに分けてみよう。
　①新規顧客獲得
　②再来店の促し
　③来店頻度のアップ
①②③の取り組みがいくつあるでしょうか？

　では、客数アップの取り組みを整理してみよう。先ほどの客数アップのために取り組んでいることをさらに3つに分けてみよう。3つとは、①新規顧客獲得、②再来店の促し、③来店頻度のアップ、である（図表63）。
　この3つに分けた時にどこの項目が多いだろうか。特に新規顧客獲得についての項目はどれだけあるだろうか。皆さんのお店はどうだろうか。再来店の促しの企画は多いが新規顧客の獲得の行動は少ないことはないだろうか。図表64をチェックしてみよう。もし○が3つ以上ついたならば、もう少し新規顧客を獲得することを考えることだ。
　新規のお客様を獲得することで再来店の促し、来店頻度のアップや客単価のアップがより生きてくる、つまり売上アップにつながりやすくなるのだ。

6　売上アップのために店舗の認知度を高める

図表64　チェックリスト※当てはまるところに〇をつけてみましょう

1	店舗で新規顧客獲得の取り組みをほとんどしていない	
2	新規顧客を集めるのに何をしてよいのかがわからない	
3	正直、客数は伸びないと思う	
4	売上アップの取り組みは店舗内のみで行っている	
5	客数よりも客単価を上げる方が効果的だと思う	
6	リピーターを増やす取り組みをするも効果が薄い	
7	客単価アップの取り組みでも売上が上がらない	
8	クーポンや割引イベントを行ったら客数は変わらず客単価だけ下がった	
9	新規顧客獲得は店長では難しいと思う	
10	今の時代売上が下がるのは仕方ない	

※〇がひとつでもつけば、まだ客数アップの余地がある。

【新規顧客の獲得】

新規のお客様を獲得するためにはもっとあなたのお店の認知度を高めることが大切である。知らなければお客様はお店には来ない。どんなに良い接客、良い商品があってもお客様が店を知らない、分からなければお店に来られないのだ。これは当たり前のことだが案外忘れがちなことである。もっとあなたのお店を多くの人に知らせる行動をしよう。

認知度を高めるには大きく２つ。ひとつはあなたのお店を知ってもらうこと、そしてもうひとつはあなたのお店が見えるようにすることである（図表65）。この２つを徹底することで新規のお客様を獲得することができる。そのためには、あなた自身が積極的に外に出て、自店が見えるかどうかを定期的に見ることだ。

【店舗にお客様に来ていただくために】

新規のお客様に来ていただくためには、「お店を知ってもらう」「お店が見えるようにする」ことの２点である。ただこれをバラバラに行っても効果が薄い。流れにしていくことである。

流れとは、①チラシ配布やポスティングで動機付けを行い、②チラシやポ

Ⅱ 売上アップ法

図表65

新規顧客を獲得するためには「認知性」を高めること
「認知性」は2つに分かれる

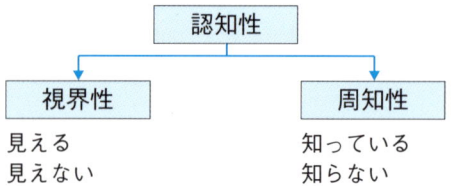

```
          認知性
         /      \
     視界性       周知性
     見える       知っている
     見えない     知らない
```

つまり、あなたのお店がお客様から見えなければ行けない
あなたのお店をお客様が知らなければ、なおさら行けない

※もっとあなたのお店を知ってもらう・見えるようにすること
　そのためにあなたが店の外に出て客を見ること

図表66　新規顧客獲得の流れ

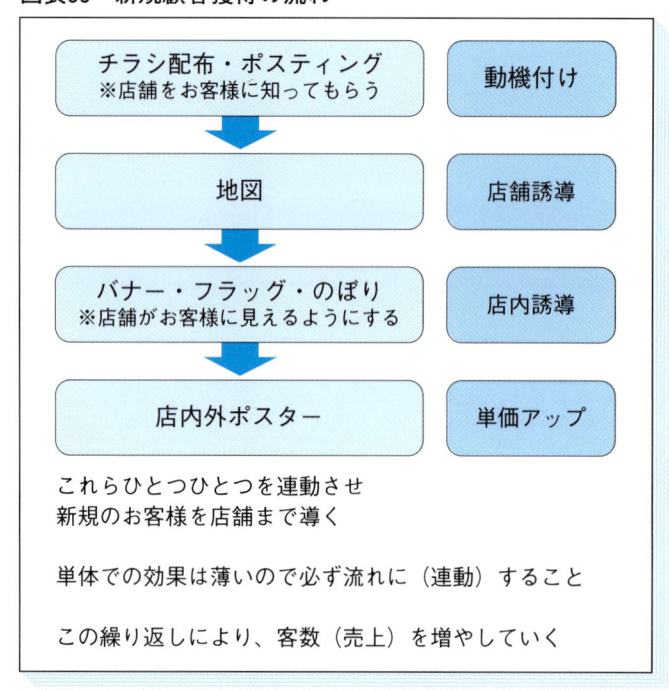

施策	目的
チラシ配布・ポスティング ※店舗をお客様に知ってもらう	動機付け
↓	
地図	店舗誘導
↓	
バナー・フラッグ・のぼり ※店舗がお客様に見えるようにする	店内誘導
↓	
店内外ポスター	単価アップ

これらひとつひとつを連動させ
新規のお客様を店舗まで導く

単体での効果は薄いので必ず流れに（連動）すること

この繰り返しにより、客数（売上）を増やしていく

スティングチラシに載せた地図で店舗へ誘導し、③店舗近くに来られたお客様をバナー、フラッグ等で店内へ誘導することである（図表66）。

　多くのお客様にあなたのお店を知ってもらうには、お店のことを書いたチラシを配るのが早い。チラシを通行者に配布するかまたは店舗周辺にポスティングする、事業所を訪問してチラシを配るのも効果的である。もし、「うちのお店はもう10年以上この場所で営業しているから周囲の人は誰もが知っている」とか、「うちは全国チェーンだから皆が知っている」と思ったならば、是非チャレンジして欲しい。

　あなたが思っている以上にあなたのお店は知られていない。自分のお店がどれくらい知られていないのかを知りたいなら、お店から100メートル離れたところで歩いている人に質問してみよう。あなたのお店の名前を伝え、それがこの近くのどこにあるのか場所を聞く。そうすると思った以上にあなたのお店は知られていないことに気がつくことだろう。

　全国チェーンの場合、チェーン名は誰もが知っていても、どこにあるか知られていないことが多い。このあなたのお店を知らない人達にお店（の場所）を知ってもらうだけでもまだまだ新規のお客様を集められる可能性があるのだ。

【わかりやすいチラシを作成する】

　チラシを配ればお客様が来るわけではない。チラシにもさまざまなポイントがある。チラシに関する本はたくさん出ているので細かい内容についてはそちらを参照して欲しい。今回はあなたのお店を知ってもらうための重要なポイントを見ていこう。

　まずはチラシをもらった人にお店の場所が分かるようにすることだ。これは当たり前のことだが、できていないことが多い。とくにあなたのお店に一度も来られたことのない方々には「こんなに詳しく書かなければダメなのか」と思うぐらい詳しく具体的に書くことが大切である。

　チラシの横にあなたがいて説明できるのならば問題ないが、残念ながら隣

Ⅱ 売上アップ法

にいることはできない。チラシをもらった人は自分のイメージや都合で勝手に解釈してしまう。そして、自分のイメージしたように進んだ結果、お店が見つからなかった場合は大抵そこで諦めてしまう。あなた自身も行こうと思ったお店が見つからずに諦めたことはないだろうか。そうならないためにも細かく具体的な地図を載せることがポイントである。

特に誰もが広く知っている目印となる施設・設備・道路（例えば、駅・道路・交差店名・大型店等）を載せるとわかりやすい（図表67）。また、お店付近の広域（広い区域）と狭域（狭い区域）の地図を載せて、より来店しやすいようにするのも一つである（図表68）。

反対にしてはいけないのはチラシに店舗名はあるが地図がない、地図はあるがシンプルであるという場合である（図表69）。誰もが知っている大きな施設の近くにある、古くから営業している、誰もが知っている屋号、だからわかるだろうというのはあなた（お店）の都合である。あなたの都合ではなく、チラシをもらった人が本当に理解して来られるかどうかがポイントである。

図表67　わかりやすい地図の例

誰もが広く知っている目印となる施設、設備、道路が詳細に書かれている
例：駅、道路、交差点名、大型店等

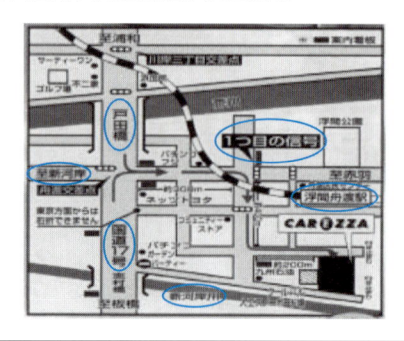

店舗に至るまでの経路が表示されている

6　売上アップのために店舗の認知度を高める

図表68

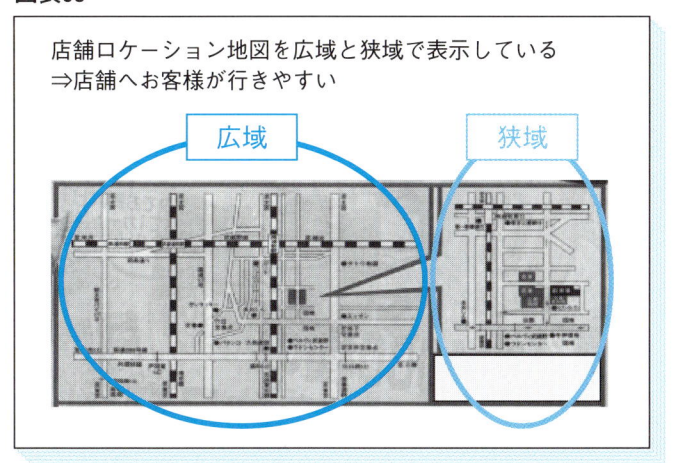

店舗ロケーション地図を広域と狭域で表示している
⇒店舗へお客様が行きやすい

広域　　狭域

図表69

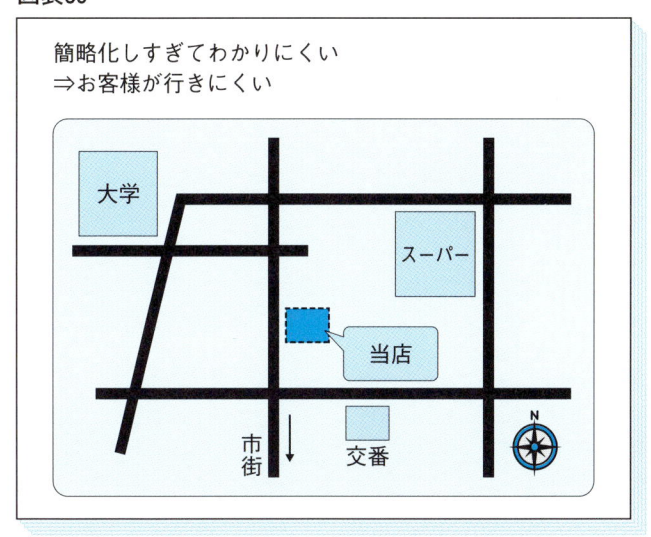

簡略化しすぎてわかりにくい
⇒お客様が行きにくい

【チラシ配布】

　チラシの配布方法は大きく二つに分かれる。ひとつは歩いている人に渡す方法と店舗周辺を回ってポスティングする方法である。

Ⅱ　売上アップ法

　通行している人に直接チラシを配布する時には、まずあなたのお店の集客したいターゲットを明確にしよう。ターゲットを明確にした上で、あなたの店舗周辺の、①ターゲットが集まる箇所で、②ターゲットがいる時間に配布しよう。例えば、あなたのお店が仕事をしているサラリーマンをターゲットとするなら朝の出勤前の時間に駅でチラシを配布する。あなたのお店が主婦をターゲットとするならば日中の主婦が集まる所（スーパー等）の近くで配布するなど、ターゲットに合わせて場所と時間を決めることだ。そして、定期的に行うことである。

　もうひとつのチラシ配布方法は店舗周辺にポスティングを行う。ポスティングも1回や2回行っただけでは効果が出にくい。定期的に繰り返し行うことでようやく効果が出てくる。定期的に配布できるように工夫しよう（図表70）。また、どこに配布したのかをわかるように地図に印をつけていくと漏れやダブりがなくなる（図表71）。

　クーポン券や割引券等をチラシに載せる場合には、配布する箇所（エリア）ごとにクーポンや割引券に印をつけておき、どこからのお客様が多いのかを特定すると効果的である。反応が高い箇所（エリア）に集中的に行うと効果が出やすい。

図表70

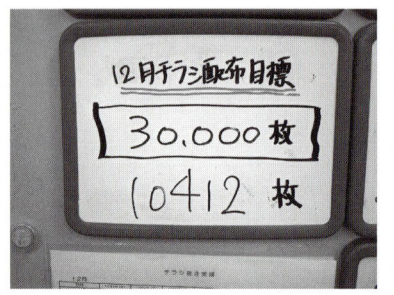

配布目標を掲げ、それに対しての現在の配布枚数または残りの枚数を書き出します。
⇒毎回確実に目標枚数ポスティングをする

6 売上アップのために店舗の認知度を高める

図表71

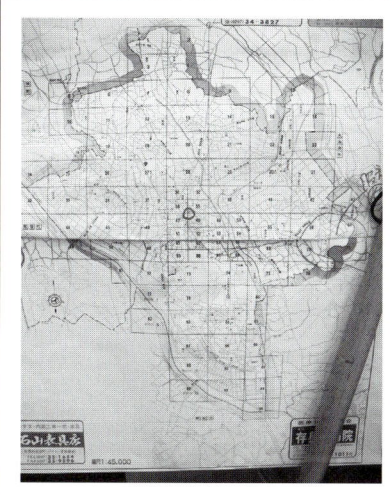

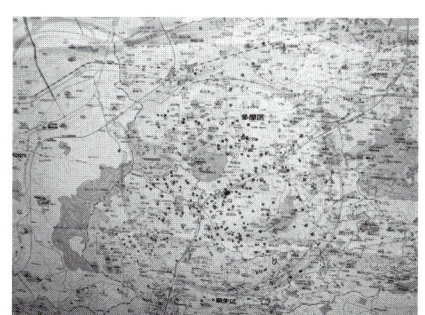

店舗付近の地図に地域を分けていきます。
ポスティングを行った地域に印をつけ、漏れやダブリをなくします。
また、ポスティングチラシにクーポンや割引券をつけ、戻ってきたクーポンや割引券から来た地域に印をつけていくと印が多くつけられたところが反応の良いところとわかります。
反応の良い所にポスティングを徹底することで効果的な集客を行えます。

【店内誘導】

　チラシ配布やポスティングでお客様に動機付けを行い、地図で店舗まで誘導させたならば、さらに店内に誘導することである。

　先ほど見たように、店舗の認知性は、①周知性：知っているか知らないかと、②視界性：見えるか見えないかである。チラシやポスティングでお店を知ってもらったならば近くにきたお客様にあなたのお店が見えるようにすることである。あなたの店舗がお客様から見えなければ来店しづらい。

　ここでのポイントは、お客様が歩きながらでもあなたの店舗が見えるかどうかである。あなたや店舗スタッフが自分のお店を見る時には、ついついお店の正面から見てしまうことが多い。だが、お客様の視点は歩いている時には、当たり前だが、まっすぐ前を見ている（図表72）。この違いが見える・見

Ⅱ 売上アップ法

えないの違いを招いてしまう。気付かないうちに店舗正面から店舗を見た時にはわかりやすいが、歩いているとわかりにくいようになってしまっている。

もし、あなたのお店がそうならば、歩いている人に対しても何のお店かわかるようにすることだ。図表73を見て欲しい。最初の写真ではここが何屋かわからない。ところがもう一枚の写真にあるように、ちょっとしたのぼりやフラッグを設置することで、歩いているお客様からも見えるようになるのだ。

図表72

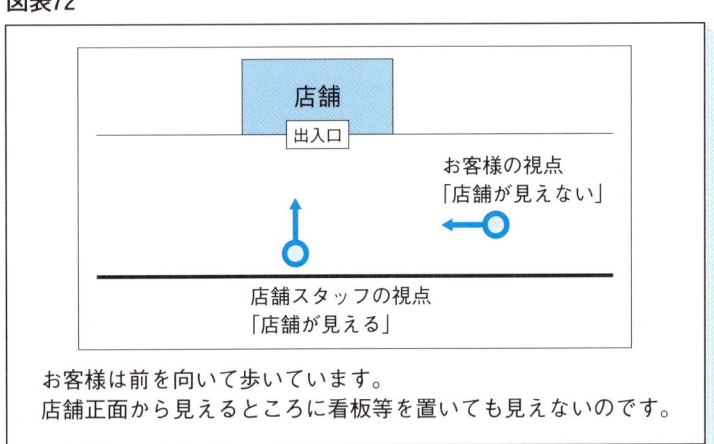

お客様は前を向いて歩いています。
店舗正面から見えるところに看板等を置いても見えないのです。

図表73

左の写真では歩いていても気付かないが、右のようにのぼりやフラッグを置くことで店舗が見えるようになる。
のぼりやフラッグは店舗名ではなく、何屋かわかるものにすると効果的！

6 　売上アップのために店舗の認知度を高める

図表74

歩いているお客様に見えるようにすることがポイント！
見えなければお客様はお店がわからない。
わからなければ行かない。

　または図表74のように店頭に看板を置くのもひとつである。**大切なのはお店が歩いているお客様からも見えるようにすることである**。お客様から見えなければお店に気付かず来店できない。見えるようにすれば来店できるのだ。

【集客する前に】

　新規顧客の集め方について見てきた。まだまだあなたのお店は集客することができる。単純にお客様にあなたのお店を知ってもらうことと、見えるようにすることだ。まず、この2点を行動に移してみよう。
　客数がアップすれば店内でのリピートを促す行動や客単価アップの行動がより生きてくる。どんなに店舗内でいろいろなことを行っていても新規のお客様を取り込むことができなければ効果がない。より多くの人を集客することである。
　だが、集客を実施する前に、もう一度店舗のスタンダード（商品・接客・清掃）レベルをチェックしてみよう（図表75）。店舗のスタンダードレベル

Ⅱ 売上アップ法

図表75-1　チェックシート（飲食店用）

チェックシート

店名：	訪問日／時間　　月　　日　　時　　分頃	従業員数　　人
混雑具合：混雑・半分位・空いている		

	【お出迎えとご案内】　※接客した方の名前を記入してください。	名前「　　　　」
1	店に入ったらすぐに従業員が出迎えてくれた	《はい・いいえ》
2	「いらっしゃいませ」はお客さまの方を見て笑顔で言っている	《はい・いいえ》
3	案内の際にテーブルに手を差し伸べてくれた（「こちらの席でよろしいでしょうか」と言われた）	《はい・いいえ》
	お出迎えとご案内の全体評価をお願いします	《満足・やや満足・普通・やや不満・不満》
	【注文の承り】	
4	注文のたびに「はい」と返事している	《はい・いいえ》
5	注文の復唱をしている	《はい・いいえ》
6	「ご注文の際は白いボタンでお知らせくださいませ」と手でボタンを示している	《はい・いいえ》
	注文の承りの全体評価をお願いします	《満足・やや満足・普通・やや不満・不満》
	【商品の提供】	
7	商品を静かに置いている	《はい・いいえ》
8	提供時料理の名前を正確に伝えている	《はい・いいえ》
9	料理をメニューの上には置いていない	《はい・いいえ》
10	提供後、注文の品が全部そろったか確認している	《はい・いいえ》
11	食事の提供時間は満足のいくものである	《はい・いいえ》
	商品提供の全体評価をお願いします	《満足・やや満足・普通・やや不満・不満》
	【中間下げ・お会計・お見送り】	
12	お会計はスムーズである（レシートはこちらから言わずにくれた）	《はい・いいえ》
13	退店時に従業員に挨拶された	《はい・いいえ》
	中間下げ・お会計・お見送りの全体評価をお願いします	《満足・やや満足・普通・やや不満・不満》
	【従業員の態度】	
14	無愛想な従業員はいない	《はい・いいえ》
15	従業員の身だしなみは不快感がない	《はい・いいえ》
16	声をかけるとすぐに反応してくれる	《はい・いいえ》
17	従業員同士のおしゃべりはない	《はい・いいえ》
	従業員の態度の全体評価をお願いします	《満足・やや満足・普通・やや不満・不満》
	【クオリティ】	
18	盛り付けは丁寧か	《はい・いいえ》
19	お値打ち感はあるか	《はい・いいえ》
20	商品は適度な温度で出てきた	《はい・いいえ》
21	商品は適度なボリュームである	《はい・いいえ》
22	商品の見た目はメニューと同一である	《はい・いいえ》
23	御飯は美味しかった（炊き具合）	《はい・いいえ》
	クオリティの全体評価をお願いします	《満足・やや満足・普通・やや不満・不満》
	【クレンリネス】	
24	店内の清掃状態は良い	《はい・いいえ》
25	トイレはきれいであった	《はい・いいえ》
26	カスターセットは汚れていない	《はい・いいえ》
	クレンリネスの全体評価をお願いします	《満足・やや満足・普通・やや不満・不満》

●下記の点について、どう思われますか？（いずれかに○）
〈商品〉　　　《満足・やや満足・普通・やや不満・不満》
〈価格〉　　　《満足・やや満足・普通・やや不満・不満》
〈接客態度〉　《満足・やや満足・普通・やや不満・不満》
〈清掃〉　　　《満足・やや満足・普通・やや不満・不満》

※この店でまた食事したいと思う　　《　・はい　　・誘われたら来たい　　・いいえ　》

6 売上アップのために店舗の認知度を高める

図表75-2　チェックシート（小売店用）

お客様チェックシート

店名：		従業員数　　　人
混雑具合：混雑・半分位・空いている	訪問日／時間	月　　日　　時　　分頃

	【従業員】	右にいいえの理由を記入してください
1	従業員は全員名札をつけていた	《はい・いいえ》
2	従業員の身だしなみは、清潔感があった	《はい・いいえ》
3	従業員は全員元気よくあいさつしていた	《はい・いいえ》
4	従業員の私語がなかった	《はい・いいえ》
5	従業員は、声をかけるとすぐに対応してくれた	《はい・いいえ》
6	従業員の言葉遣い・対応は親切だと感じられた	《はい・いいえ》
7	「また、どうぞご利用くださいませ」といわれた	《はい・いいえ》
	従業員の全体評価	《満足・やや満足・普通・やや不満・不満》
	【接客】　※接客した方の名前を記入してください。	名前「　　　　　」
8	精算時の対応は親切であった	《はい・いいえ》
9	ご精算時におまたせしなかった	《はい・いいえ》
10	両手で金銭・商品授受が出来ていた	《はい・いいえ》
11	価格を読み上げてレジ打ちしていた	《はい・いいえ》
12	レシートをお渡ししていた	《はい・いいえ》
13	精算後お客様をきちんとおじぎをしてお見送りしていた	《はい・いいえ》
14	レジの待ち時間は長く感じなかった	《はい・いいえ》
	接客の全体評価	《満足・やや満足・普通・やや不満・不満》
	【店舗環境】	
15	店の場所はわかりやすかった	《はい・いいえ》
16	お店の入り口は、入りやすい雰囲気になっていた	《はい・いいえ》
17	どこに何のコーナーがあるかわかりやすかった	《はい・いいえ》
18	店前ポップやのぼりは、わかりやすかった	《はい・いいえ》
19	チラシはわかりやすく手に取りやすいところにあった	《はい・いいえ》
20	お客様アンケートボックスは、書きやすい場所にあった	《はい・いいえ》
21	BGMの音量・内容は、耳障りでなかった	《はい・いいえ》
22	店内に異臭は無かった	《はい・いいえ》
23	買い物カゴがわかりやすい場所にあった	《はい・いいえ》
24	店内温度は、暑く（寒く）なかった	《はい・いいえ》
25	店内の通路は、歩きやすくなっていた	《はい・いいえ》
	店舗環境の全体評価	《満足・やや満足・普通・やや不満・不満》
	【清掃について】	
26	売場はきれいだった	《はい・いいえ》
27	トイレは清潔感があった	《はい・いいえ》
28	駐車場にゴミは落ちていなかった	《はい・いいえ》
29	店内に、ゴミは落ちていなかった	《はい・いいえ》
	清掃の全体評価	《満足・やや満足・普通・やや不満・不満》
	【商品について】	
30	商品に汚れ、壊れが無かった	《はい・いいえ》
31	商品に価格や説明がわかりやすく書かれていた	《はい・いいえ》
32	商品価格は適正であった	《はい・いいえ》
	商品の全体評価	《満足・やや満足・普通・やや不満・不満》
	【品揃えについて】	
33	季節に合った品揃えになっていた	《はい・いいえ》
34	目を引くディスプレイ・コーナーがあった	《はい・いいえ》
35	欲しくなった商品があった	《はい・いいえ》
36	選べるだけの商品量があった	《はい・いいえ》
37	商品は見やすく整理されて置かれていた	《はい・いいえ》
38	棚・バーに空いているスペースは無かった	《はい・いいえ》
39	売場に新鮮味が見られた	《はい・いいえ》
40	商品を探したいという期待感がある	《はい・いいえ》
	品揃えの全体評価	《満足・やや満足・普通・やや不満・不満》

Ⅱ　売上アップ法

が低ければ、どんなにお客様を集めたとしてもリピートさせることができず、お店の悪い口コミが広がるだけである。これでは集客にエネルギーをかけても、かえってあなたのお店はひどいお店なので二度と来ないでくださいとマイナスの広告宣伝するようなものである。

　積極的に集客を行う時には店舗のスタンダードレベルがお客様に不満を与えない、当たり前のことを当たり前にできるようになっているかを必ず確認することである。もし、不満を与えないレベルならば積極的に集客することで、あなたのお店の良さを伝えることができ、さらに良い口コミで客数はさらに増えていく（図表76）。

図表76

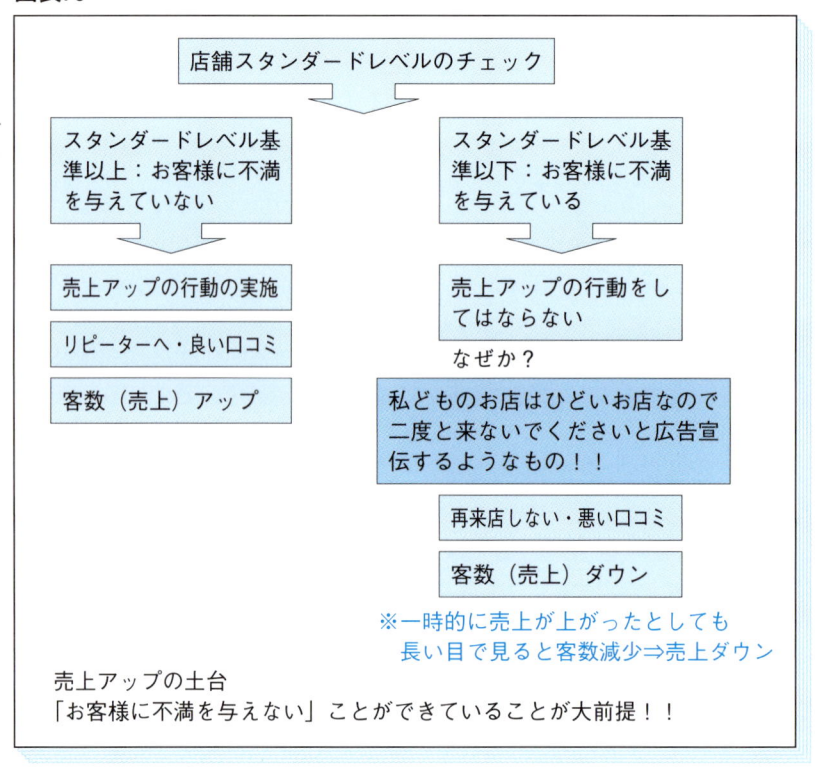

```
                店舗スタンダードレベルのチェック
                          ↓
        ┌─────────────────┴─────────────────┐
        ↓                                   ↓
スタンダードレベル基準以上：            スタンダードレベル基準以下：
お客様に不満を与えていない              お客様に不満を与えている
        ↓                                   ↓
売上アップの行動の実施                  売上アップの行動をしてはならない
                                            
リピーターへ・良い口コミ                なぜか？
                                            ↓
客数（売上）アップ                      私どものお店はひどいお店なので
                                        二度と来ないでくださいと広告
                                        宣伝するようなもの！！
                                            ↓
                                        再来店しない・悪い口コミ
                                            ↓
                                        客数（売上）ダウン

                                        ※一時的に売上が上がったとしても
                                          長い目で見ると客数減少⇒売上ダウン
```

売上アップの土台
「お客様に不満を与えない」ことができていることが大前提！！

【まとめ】

　厳しい時代に売上を上げたいとは、あなたをはじめ誰もが思っているはずだ。ところが客単価アップやリピートを促す行動はしていても新規顧客獲得に向けて行動している店舗は思った以上に少ない。新規のお客様を集めることにもエネルギーをかけよう。

　新規のお客様を集めるためにチラシやポスティングを通して動機付けを行い、地図で誘導し店舗近くでお店を見えるようにして店内に引き寄せる。このことを連動して行っていく。

　どんなに店舗内でいろいろな取り組みをしていても店舗に新規のお客様を集められなければ継続しての売上アップは望めない。反対に新規のお客様を集め続けることができるならば売上アップの可能性は大きく広がるだろう。

《ポイント》

1　新規顧客獲得を考える

　来られたお客様に対して売上アップの行動をするだけでなく、新規のお客様を獲得する方法を考え実行しよう。新規のお客様を呼べなければ継続しての売上アップは望めない。

2　流れをつくり店舗へ誘導する

　お客様に動機付けをして店舗へ誘導し店内誘導するという流れをつくろう。どれか一つのことを単体でしていても結果は出ない。連動させ流れにすることである。

3　売上アップを考える時には店舗スタンダードレベルをチェックする

　どんなにお客様を集めたとしても、店舗のスタンダードレベルが低ければ、あなたの店舗を嫌うお客様を増やしてしまうだけだ。売上アップを考える時には、必ず当たり前のことを当たり前にできているかどうかをチェックすることである。

Ⅱ　売上アップ法

> すぐに使える簡単ツール⑤
> # 「チラシマップ」

目的（何のためのツールか）
　◇効果的なチラシ配布
メリット（使うことでどのような効果があるのか）
　◇チラシ配布時のムラをなくす
　◇チラシ反応の良い場所を特定できる

　販売促進の一環としてチラシを近隣店舗に配布することがあります。チラシ配布の際に感覚で行うことはもったいないことです。どの地域に配布したチラシの効果が高いのかを把握することが大切です。

　チラシにクーポンや割引券等をつける場合、配布するチラシのクーポンや割引券のところに蛍光ペンで色をつけるのです。色は配布する地域によって変化させていきます。地区は細かく○○地区は赤、△△地区は青等地区毎にしていきます。そして、店舗近隣の地図を用意します。レジ等でクーポンや割引券を回収した時に、地図にどの地区から回収されたのかを記入していくのです。

　たったこれだけのことですが、このちょっとしたことを行うことによってどの地区からの反応が良いのかが分かります。反応の良い地域がわかれば、あとはその箇所を重点的にチラシ配布すれば良いのです。これをするか、しないかで大きな差がでます。チラシ配布にはさまざまな費用がかかります。印刷代、手配りの場合には人件費、配布を業者にお願いする場合には当然費用が発生します。そのために、できるだけ費用を掛けずにお客様に来てもらうには反応の良い地域を特定することです。

　ちょっとした工夫で無駄な費用をなくすことができます。どのお店でも反応の良い地域と反応の鈍い地域があります。もし、チラシ配布を行うのであ

6　売上アップのために店舗の認知度を高める

れば、地図に落とし込むことをしましょう。次のチラシからコストを低く反応を高くすることができます。

図表77

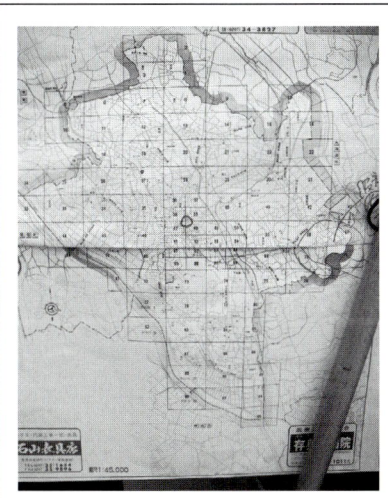

店舗付近の地図に地域を分けていきます。
そして、戻ってきたクーポンや割引券から来た地域に印をつけていきます。
印が多くつけられたところが反応の良いところです。

《ポイント》

1　感覚にしない

　なんとなくこの地域は効果がある、あの地域は効果が薄いと感覚で見てしまうことがあります。感覚ではなく、事実から把握することが大切です。

2　少しの手間を惜しまない

　印をつけ、回収したら地図に記入することは難しいことではありません。ところが、簡単な行為は継続しないことが多いのです。あとでやろう、次回やろうでは、せっかくのチラシのコストがムダになってしまいます。

> すぐに使える簡単ツール⑥
> 「販売促進進捗ボード」

目的（何のためのツールか）
　◇販売促進の目標・進捗状況を把握する
メリット（使うことでどのような効果があるのか）
　◇販売促進の目標が明確になる
　◇現在の状況が把握できどうすれば良いかがわかる

　販売促進の一環としてチラシやポスティングを行うことがあります。
　チラシやポスティングなどの販売促進を実施するときに大切なのは、計画を立てることです。計画を立てたならば行動し、結果がどうだったのかを分析して次に生かします。
　販売促進に関してはとりあえずやろうということで行動に移すことがあります。行動に移すことはとても大切なことですが、その前に計画を立て、目標を設定して実施しないと、最初は勢いよくやっていたが次第にやらなくなってしまうことになります。特にチラシやポスティングに関しては1回では効果が薄く、継続して実施することが必要です。やったりやらなかったりが一番労力をかける割に結果が出にくいのです。
　継続して実施するには目標配布枚数と現在の状況を数字で把握することです。しかもそれが皆の目に見えるようにするとより効果的です。
　そこで目に見えて皆がわかるようにホワイトボードで進捗状況を確認することが大切になります。100円ショップ等で小さいホワイトボードを購入して、配布枚数と現在の実数、または担当がいるならばその担当ごとにどうなのかわかるようにすることです。こうすることで全体の進み具合もわかり、確実なチラシやポスティングができるようになるのです。または店舗事務所のホワイトボードを区切り記入していくのも一つです。

Ⅱ　売上アップ法

　今どれくらい進んでいるのかがわかれば目標に向かって数字が近づくにつれてモチベーションも上がっていきます。結果として目標に掲げた枚数を達成しやすくなるのです。

　確実に結果を求めるには、計画した配布枚数を確実に行うことが大切です。その時に是非このボードを活用してください。継続して行う上ではこのボードの担当を決め、毎日更新することです。毎日の更新で皆が目につきやすくなるのです。

図表78

配布目標を掲げ、それに対しての現在の配布枚数または残りの枚数を書き出します。

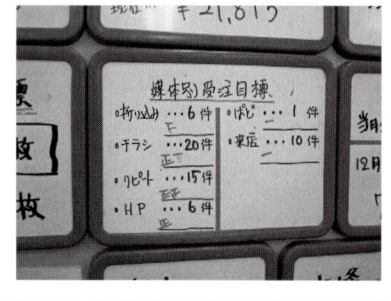

宴会や予約の受注等さまざまな媒体を活用している時にはそれぞれの目標と現在の実績を記入すると効果的です。

《ポイント》

1　数値で把握する

　配布枚数や現在の進捗状況は数値で常に把握することです。数値を用いないと得てして感覚になってしまったり、継続しない目標に達成しなかったりが続いてしまいます。必ず数値という事実で把握することと数値で皆に伝えることです。

2　毎回更新する

　何回かをまとめて更新しても意味がありません。更新は毎回行います。チラシならば配布したその日のうちに更新することです。更新されなければだんだん誰も見なくなり、活用されなくなります。担当を決めて常に新しい情報にしておくことがボードを継続して活用するのに大切です。

Ⅱ　売上アップ法

> すぐに使える簡単ツール⑦
> # 「店舗外観チェックシート」

目的（何のためのツールか）
　◇客数アップ
メリット（使うことでどのような効果があるのか）
　◇通りがかりのお客様を獲得できる
　◇店舗の視界性（お客様から見える）を上げることができる

　売上を上げるためには、来店されたお客様に対してリピートを促すことや客単価を上げる行動を行うことと、もう一つは来店してもらえる取り組みを行っていくことです。

　来店してもらうにはさまざまな方法がありますが、すぐにできるのはあなたのお店の店舗前を通っている人にアピールすることです。歩いている人から、そして車に乗っている人から、無理なくあなたのお店が分かるかどうかがポイントです。あなたのお店が通行している人から分からなければ来店のしようがないのです。

　そこで店舗外観チェックシートを活用しましょう。もう一度あなたのお店をお客様の視点で見ていくことです。

　お店の中のことには力を入れていても、お店の周りに目を向けきれていないこともあります。店舗外観チェックシートに基づいて、ひとつひとつチェックしていきましょう。

　この時のポイントは必ずお客様と同じように見ることです。つまり、お客様が歩いている時には前を向いて歩きます。車を運転する時も同様です。その状況であなたのお店がどうなのかということです。もし、お客様の視点で分かりづらい、見えづらいならすぐに改善しましょう。お客様から分かる、見えるようになるだけで変わってきます。分かる、見えるからこそあなたの

6　売上アップのために店舗の認知度を高める

図表79　店舗外観チェックシート

店舗名	実施調査日	天気

- □ 駅の出入口から店舗（店舗と分かる物）が見える　　　　見える・難あり・見えない
  障害となっているものは（建物・他店の看板・街路樹・看板の大きさ・文字の大きさ・看板の色・他）
- □ 店舗周辺の集客施設（スーパー等）の出入口から店舗（店舗と分かる物）が見える
  障害となっているものは（建物・他店の看板・街路樹・看板の大きさ・文字の大きさ・看板の色・他）
  　　　　　　　　　　　　　　　　　　　　　　　　　　　　見える・難あり・見えない
- □ 店舗の30m手前から店舗（店舗と分かる物）が見える　　　見える・難あり・見えない
  障害となっているものは（建物・他店の看板・街路樹・看板の大きさ・文字の大きさ・看板の色・他）
- □ 店舗反対側30m手前から店舗（店舗と分かる物）が見える
  障害となっているものは（建物・他店の看板・街路樹・看板の大きさ・文字の大きさ・看板の色・他）
  　　　　　　　　　　　　　　　　　　　　　　　　　　　　見える・難あり・見えない
- □ のぼり旗・バナー・フラッグは内容がわかりやすい　　　分かる・難あり・分からない
- □ のぼり旗・バナー・フラッグはきれいである　　　　　　　　　きれい・普通・汚い
- □ のぼり旗・バナー・フラッグは必要本数ある（5〜6本が目安）
  　　　　　　　　　　　　　　　　　　　　　　　　　　　　立っている・少ない・ない
- □ 入口はすぐわかる　　　　　　　　　　　　　　　　　分かる・難あり・分からない
- □ 入口付近は明るい　　　　　　　　　　　　　　　　　　　　　明るい・普通・暗い
- □ 入口に段差・セットバックなどは無い　　　　無い・有るが影響はない・有る
- □ 入口は十分に広い（最低でも普通にすれ違うことが出来る）　　広い・普通・狭い
- □ 入口は整理整頓されていて入りやすい　　　　　　入りやすい・普通・入りにくい
  （駐輪自転車、鉢植え・プランター、納品物、その他障害物がない）
- □ 店頭で何を売っているかわかる　　　　　　　　　　分かる・難あり・分からない
- □ 店頭で商品の価格帯がわかる　　　　　　　　　　　分かる・難あり・分からない
- □ 店頭で店舗規模がわかる　　　　　　　　　　　　　分かる・難あり・分からない

※上記の出来ていない点はその場で改善すること

（備考）

Ⅱ　売上アップ法

お店に入る可能性が増えるのです。

　案外忘れがちですが、簡単にでき効果がある店舗外観のチェックを定期的に行っていきましょう。

《ポイント》

1　お客様の視点で見る

　ついついお客様の視点を忘れがちです。頭ではわかっていても気付くとお店の都合で見ているということはないでしょうか。もう一度お客様の視点（視線）でお店の周りを見てみましょう。

2　定期的にチェックする

　通行している人（車）から見えなければお客様はあなたのお店に気付きません。定期的にチェックをして常に通行している人（車）から分かるようにしましょう。分かるようにするだけで客数がアップする可能性が高まります。一回チェックしたから大丈夫ではなく、できれば毎日チェックすることです。

> すぐに使える簡単ツール⑧
> 「成功事例集」

目的（何のためのツールか）
　◇成功事例を集め活用する
メリット（使うことでどのような効果があるのか）
　◇成功事例を共有できる
　◇自店舗（自社）のノウハウを蓄積できる

　お店の売上・利益が予算割れや前年割れしている時には、できていないところに目がいきがちです。店舗での問題や課題にばかり目がいき、どう改善すればよいだろうかというところに集中しがちです。
　店舗での朝礼やミーティングで問題・課題ばかりを伝えていると、聞いているスタッフもだんだんマイナスに考えて消極的になってしまいます。消極的になればよけい問題や課題が発生してしまいます。
　厳しい時だからこそ出来ていることやうまくいっていることに目を向けていきましょう。「成功事例」を集めることです。
　お店の中にはまだまだ成功事例が眠っています。スタッフ一人ひとりから成功事例を引き出しましょう。あなたが店舗にいて「このスタッフはお客様との関係作りが上手だな」とか「このスタッフは開店準備が早いな」とか感じることがあると思います。そういったことをひとつずつ集めていくのです。成功事例を集めて皆で共有することでお店全体のレベルを上げることができます。しかも、成功事例はすでに行っている人がいて結果も出ているのです。ですから全体でできるようにすればすぐに結果につながるのです。
　成功事例を集めていく時の注意点は、あなたがまとめるということです。おそらくお客様との関係作りが上手な人に「なにかコツは？」「ポイントは？」と聞いても「普通にしているだけです」とか「とくにコツはありませ

Ⅱ　売上アップ法

図表80　店舗での成功事例

［成功事例］

［どのような効果があるのか］

［成功要因（何をしているのか？）］

　　　成功事例を持っているスタッフから
　　　ここを引き出す質問をする

［上記から学べる点（皆に何をしてもらいたいのか？）］

　　店舗全体で行うためにどうするのかを
　　成功要因を参考に整理する
　　→具体的な行動に落とし込む

ん」と返ってきます。本人は何か意識して行っているわけではないからです。そこであなたが質問をして聞きだしましょう。「お客様に話しかける時、最初にどうしているの？」「話題はどんな話題？」と具体的に聞き成功事例にまとめましょう。

　まとめたならば、成功事例を朝礼やミーティングを通してスタッフに伝えます。発表はあなたではなく、実際に行っているスタッフからしてもらうと実際に行っているので伝わりやすく、また本人のモチベーションも上がっていきます。成功事例は成功事例集のファイルをつくり蓄積していきましょう。これがあなたのお店のノウハウになります。

《ポイント》

1　良い点をみつける

　　できていないことをできるようにするには多大なエネルギーが必要です。それよりも今できていることに目を向けた方がエネルギーを掛けずに成果がでやすいのです。できていること（良い点）を見つけるようにしましょう。

2　ノウハウを共有する

　　せっかく自店でスタッフが行っている良いことも全員で共有しなければ意味がありません。良い点を皆に伝えるようにしましょう。また、成功事例集として集めておき、いつでも自店のノウハウが店舗で確認できるようにすることです。

Ⅲ　利益獲得法

～利益を獲得するための経費コントロール～

7 利益アップのための業務改善
「店長が行う業務改善を通しての人件費コントロール」

　店長が一番に考えなければならないのは「利益の確保」である。どれだけ売上があろうとも利益を確保できなければ意味がない。利益があるからこそ会社の存続・発展そして人への投資（待遇や教育）もできる。
　ただし、注意しなければならないのは、売上が思うように取れなかったときにどのようにして「利益を確保」するかだ。ここを誤るとお客様・スタッフをはじめ、皆に迷惑をかける店舗になってしまう。

【基本的な考え方】

　売上を思うように上げられない状況が続く。そうすると利益を確保するためにムリをしてしまうことがある。「利益＝売上－経費」である。つまり、売上が取れなければ経費を削減するしかない。
　経費の中でも最初に手を掛けるのが「人件費」である。労働時間数を削減すると人件費が下がり利益を確保することができるだろう。だが、安易な人件費削減はお客様に迷惑をかける。そして、働いているスタッフにも多大な負担を掛けることになる。
　人件費に手を掛けるのは確かに利益確保するのに早い方法のひとつである。しかし、一歩間違えればお客様・スタッフに双方に迷惑を掛けるだけでなく、結果として売上・利益減少とともに離職率が高まるという最悪の結果になることがあるので注意が必要だ。

7　利益アップのための業務改善

【人件費削減と人件費コントロール】

　私たちに求められているのは人件費のコントロールである。決して人件費の削減ではない（図表81）。

　人件費を削減するとどうなるだろうか。「時間をカット⇒働いている人への負担⇒お客様への対応の悪化（スタンダードレベルの低下）⇒お客様が再来店しない⇒客数・売上が下がる⇒さらに時間をカット」という悪循環になる。

　かといって人件費を変えなければ利益に影響してしまう。人件費を削ればスタンダードレベルの低下が起こり、人件費を変えなければ利益の低下が起こる。この二つのバランスをとるために必要なのが「ワークスケジュール」である。

　人件費削減では単純に時間をカットすることである。人件費コントロールとは仕事内容を含めてトータルで考えて行動し、結果として人件費が下がることである。ここを間違えないでほしい。

図表81

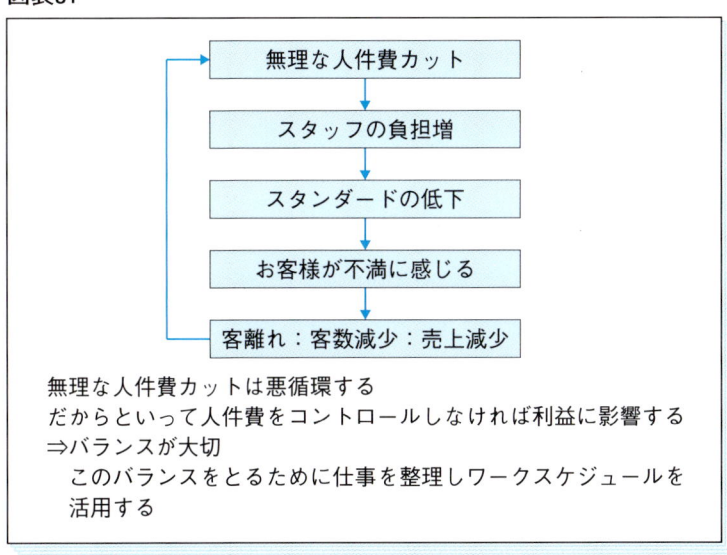

```
無理な人件費カット
    ↓
スタッフの負担増
    ↓
スタンダードの低下
    ↓
お客様が不満に感じる
    ↓
客離れ：客数減少：売上減少
```

無理な人件費カットは悪循環する
だからといって人件費をコントロールしなければ利益に影響する
⇒バランスが大切
　このバランスをとるために仕事を整理しワークスケジュールを活用する

「人件費削減⇒時間数カット」

「人件費コントロール⇒仕事内容の見直し⇒仕事に人を当てはめる⇒時間数のカット」

似ているようだが結果が大きく変わる。このことをまず頭に入れておこう。

【仕事内容を見直す】

無理なく人件費コントロールを行うために最初に必要なのは一日の仕事を洗い出すことである。

あなたは一日の仕事内容を書面に整理しているだろうか。自分の頭の中に入っているというかもしれない。だが、それでは自分の感覚や感情がはいっていて冷静にみることができていない。なんとなくこれだけの人が必要だとか、この時間はこの人数と感覚で決めてしまうことになる。

最初にもう一度冷静に仕事内容を見直してみよう。一日を通しての仕事内容を見ていくまえに、まずは開店（オープン）と閉店（クローズ）の仕事内容を見直すところからはじめよう。

【開店・閉店作業の見直し】

開店と閉店時にはさまざまな仕事がある。整理されていないと非効率な仕事で必要以上に時間が掛かっていることがある。一日を見ていく前に開店・閉店作業からスタートしよう。

STEP１：仕事の洗い出し

最初に開店・閉店内容を全て洗い出す。図表82のように付箋紙に一つずつ仕事内容を書いていこう。電気をつける、鍵を開けるなど細かいところまで全ての作業を書いていく。

図表82

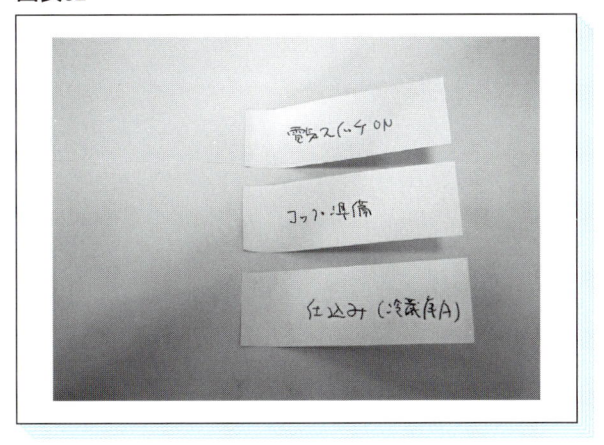

STEP2：現状把握

　書き出した項目を現在の状況に並べなおす（図表83）。縦に時間を横に作業者を書いて順番に並べていこう。この時には現在の状況をそのまま並べていく。

STEP3：仕事の整理

　並べ終わったならば上から順番にひとつひとつの仕事をみていこう。その時間にやるのが一番効率的なのかどうかを検討する。順番を入れ替える、作業を行う担当を変える（例えば厨房の仕事をホールの仕事にするなど）、営業開始後に移動するなどいろいろ考えてみよう。
　今以上にムリなく仕事ができる組み方や組み合わせによって最初の出勤時間を少し遅くしたり、二人で行っていたことを一人にしたりなど時間数をコントロールすることができる。

STEP4：紙に貼り出す

　STEP3で一番効率的な仕事の組み方ができたならば、それを皆が見えるように書面にしよう。そして、その通りに仕事をしていくように伝えるのだ。

Ⅲ　利益獲得法

図表83　○○店作業手順

時間		パートA 仕事内容	パートB 仕事内容	時間	パートC 仕事内容	パートD 仕事内容
9:00						
10:00						
11:00	11:00	閉　店				

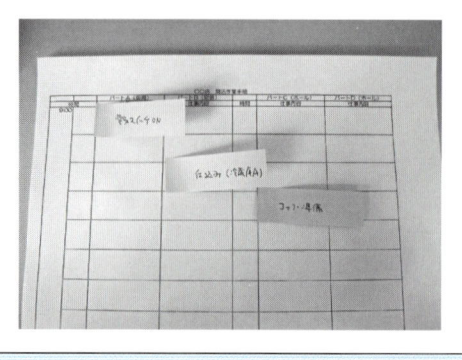

図表84のように見えるようにすることで誰もがいつまでに何をすればよいのかがわかる。

STEP５：改編する

　考えている段階では一番効率的だと思っていたことも実際に運用すると課題が出てくる。実際に運用しながら改編していこう。今回の仕事内容に合わせてスケジュールを作成する。特に時間設定等での課題がでてくるだろう。そのときに明らかにその人の力不足（トレーニングすることで作業時間を短縮できる）の場合には、変えずにトレーニングを行うようにする。一つでも課題がでてくると「やっぱりだめだ」「使えない」と諦めてしまうことがある。どんなことでも一回でうまくいくというのはほとんどない。繰り返し運用しながら自店にあったものにしていこう。

　最初は開店・閉店の箇所から進めていく。これだけでも人件費をコントロールすることができる。もし、出勤しているスタッフによって早く終わるときと時間がかかるなどのバラツキがでているならば早速取り組んでみよう。効率的・効果的に大きく変化するだろう。

【一日の仕事の見直し】

　開店・閉店作業の整理をしたならば、次は一日を通しての仕事の見直しを行おう。基本的には「仕事の洗い出し⇒仕事の整理⇒運用」の順番で行っていく。

STEP１：仕事の洗い出し

　一日の仕事を付箋紙に出していく。最初に出勤した人から最後に退勤する人までの全ての仕事を書き出していく。このときに注意点は曜日によって変わる仕事がある場合である。その時には仕事の横に○曜日と書いておくようにする。また、その作業のかかる時間も書き留めておこう（図表85）。

Ⅲ　利益獲得法

図表84　開店作業手順（例）

事例写真

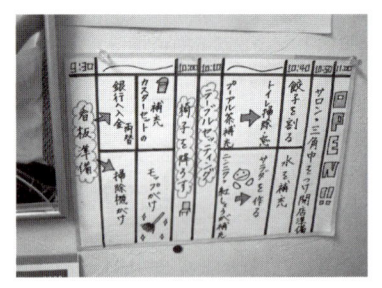

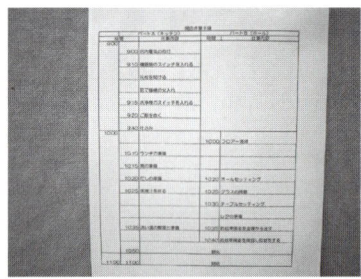

※例は飲食店ですが小売店でも活用できます

時間	パートA（キッチン）		パートB（ホール）	
	時間	仕事内容	時間	仕事内容
9:00	9:00	店内電気の点灯		
	9:10	機器類のスイッチを入れる		
		元栓を開ける		
		茹で麺機の火入れ		
	9:15	洗浄機のスイッチを入れる		
	9:20	ご飯を炊く		
	9:40	仕込み		
10:00			10:00	フロアー清掃
	10:10	ランチの準備		
	10:15	具の準備		
	10:20	だしの準備	10:20	ホールセッティング
	10:25	味噌汁を作る	10:25	グラスの用意
			10:30	テーブルセッティング
				レジの準備
	10:35	洗い場の整理と準備	10:35	釣銭準備金を金庫から出す
			10:40	釣銭準備金を確認し両替をする
	10:50	朝礼		
11:00	11:00	開　店		

図表85

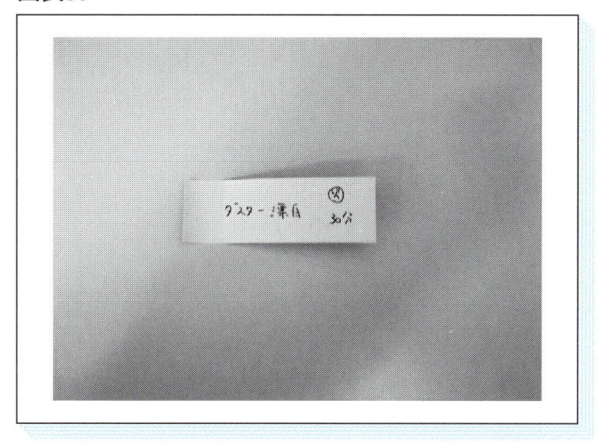

[図表85 の写真]

STEP2：現状把握

　一日の仕事を整理する際には図表86の一日の仕事表を用いる。7日分の7枚用意する。そして、最初に曜日を記入しよう。次に、その曜日の各時間帯の平均売上と客数・客単価を記入する。現在の仕事内容を貼り付けていこう（図表87）。最後に現状の人の割当を記入する（図表88）。

STEP3：仕事の整理

　STEP2で割り振ったならば仕事を見直していこう。1枚1枚みていく（図表89）。①この仕事は必要か、②この仕事を他の時間にできないか、③この仕事を何かの仕事と合わせられないか、である。

　このときには、できればあなた一人で行うよりも他の社員や他の店舗の人を交えると効果的である。他店の人ならば冷静にみて判断することができるからだ。自店の人のみで行うと往々にして自分の都合などが無意識の内に入りこみ、変更するのが難しくなることがある。「この時間から変えられない」とか「こちらの時間にされると無理だ」と出来ない理由がでてくる。そうならないためにも他店や本部の人にはいってもらう。

　組み合わせを変えて、できるだけ効率的な仕事の順番にしていく。ピーク

Ⅲ　利益獲得法

図表86　一日の仕事表

店舗名：					氏名：										
曜日															
項目／時間															
売上															
客数															
客単価															
作業内容															
社員 1															
2															
3															
パート・アルバイト 1															
2															
3															
4															
5															
6															
7															
8															
9															
10															

7　利益アップのための業務改善

図表87

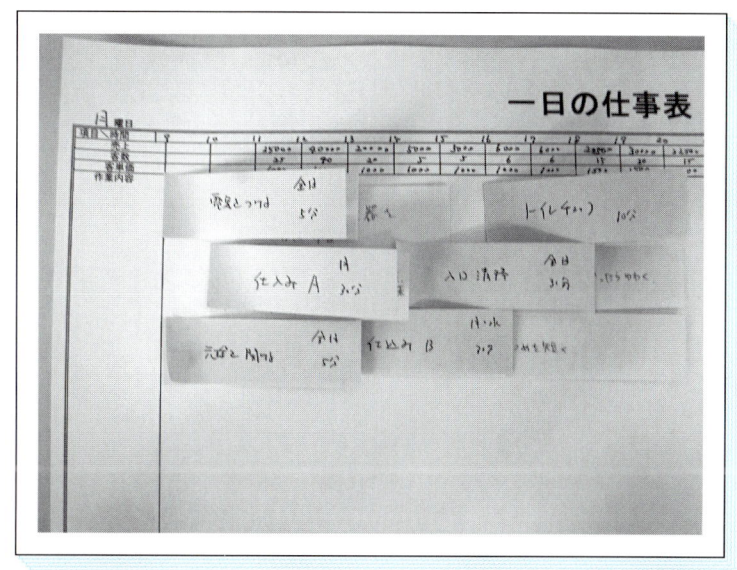

図表88

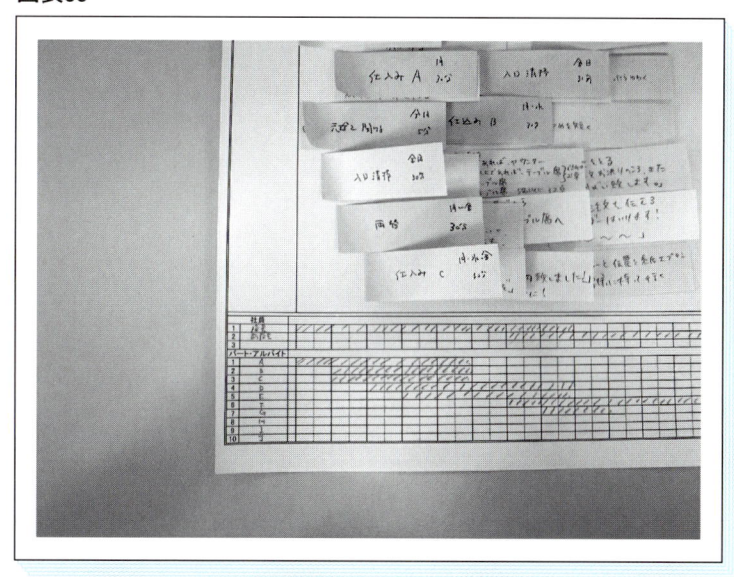

Ⅲ　利益獲得法

図表89

業務が他の時間に動かせるならば移動させる

①この仕事は必要か？②この仕事を他の時間にできないか？
③この仕事を何かの仕事と合わせられないか？を一枚（一つの仕事）ずつみていく。
　仕事を他の時間に動かしたり、他の仕事と組み合わせたりしていく。

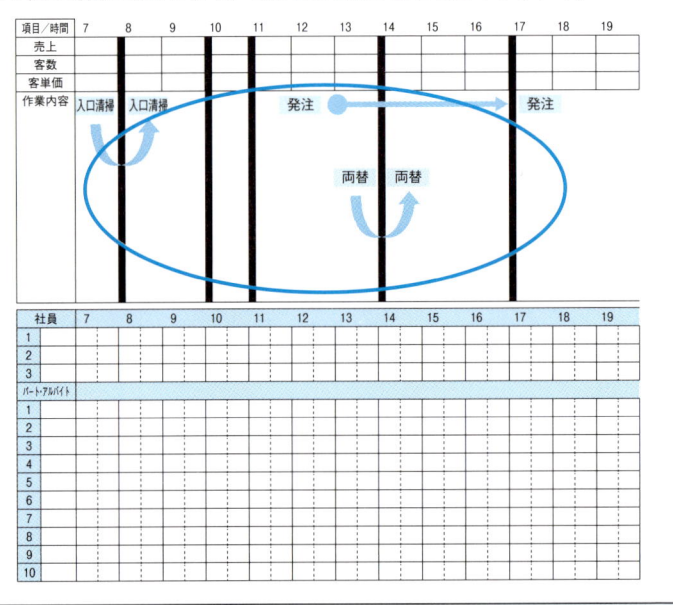

7　利益アップのための業務改善

図表90

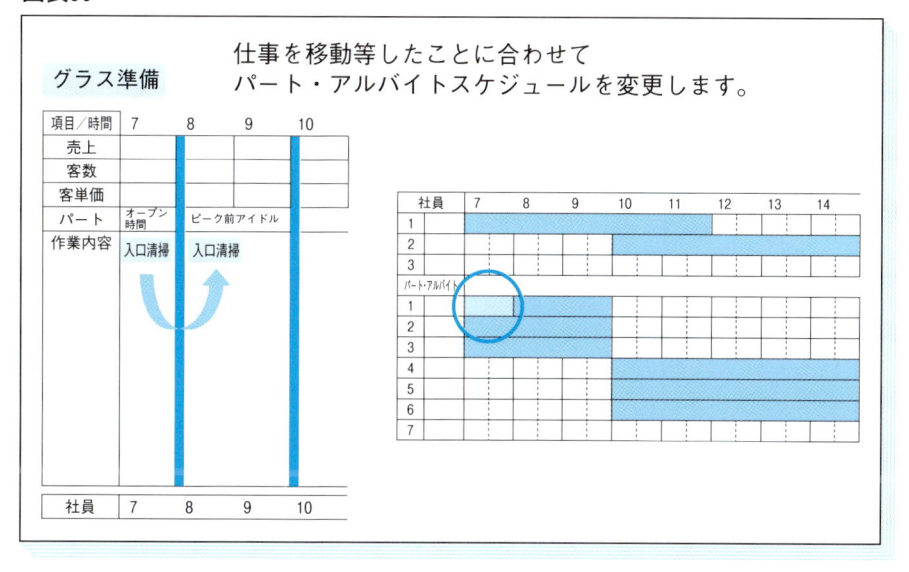

時の営業に集中しなければならない時には仕事をいれない。反対に閑散時には仕事をいれるなど実際の時間帯に応じて考えてみよう。ここの箇所は少し時間をとって行う。効率的な仕事の配分にし人員配置を見直してみよう（図表90）。今までの人数よりも絞ってできる時間帯がでてくるだろう。

STEP 4：書面にする

効率的な仕事に整理し、新たな人員配置にしたならばそれを書面にしてみよう（図表91）。誰がどの時間にどのような作業をするのかを明確にする。そして、このSTEP 1からSTEP 4までを全曜日で行う。

STEP 5：改編する

実際に各曜日ごとに今回作成した作業割り当てに従ってスケジュールを組み、実践してみよう。その中で不都合がおこったならば改編していく。また、時間帯や曜日による売上の変動に応じて仕事の内容は見直していこう。半月

Ⅲ　利益獲得法

図表91

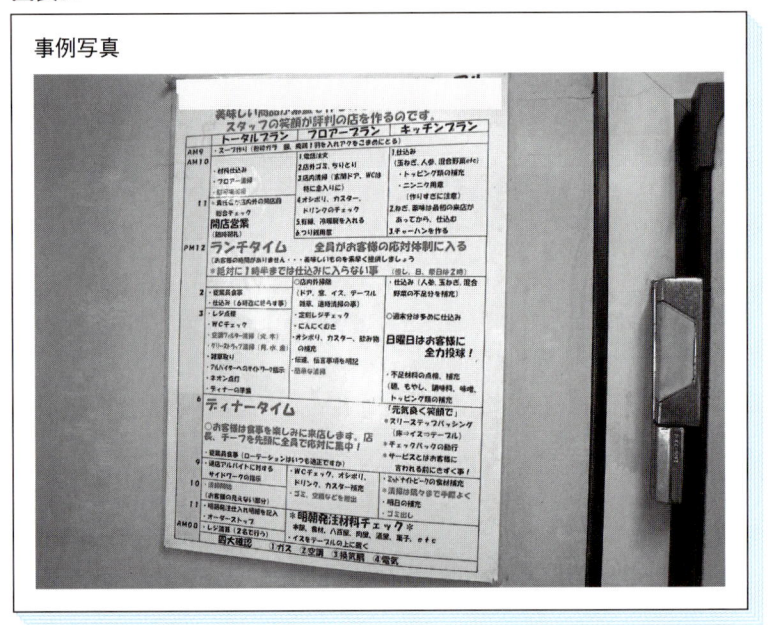

事例写真

に一度または1ヶ月に一度見直していくことである。

　この一日の流れを整理していく作業は面倒で時間がかかる。ただ、一度整理してしまったならばあとはちょっとした手直しで運用していくことができる。時間がかかるといっても半日もあれば十分にできる内容である。時間と力をかけた以上の効果があるので、ぜひ実践してもらいたい。

【まとめ】

　現在の厳しい状況化では、今まで通りの仕事の仕方ではなかなか難しい。特に考える時間を持つことが必要だ。いままで見てきた内容も仕事を洗い出し、整理するのは時間がかかる。だが一回やってしまえばあとは改編するのに時間はかからない。1回取り組むことで、働いてるスタッフにムリなく、お客様にも迷惑を掛けず、人件費をコントロールすることができるのだ。

　無理だ、難しいという前に一度時間をとってやってみよう。思った以上の

効果がでるはずだ。

《ポイント》

1　現状を把握する

　今の状況がどうなのかを把握しよう。全ての仕事の洗い出しを行う。最初は開店・閉店から進めてみよう。現状がわからなければどうしようもない。

2　あるべき姿を明確にする

　自店で無理なく、効率的な作業配置を考えよう。最良の配置をみつけるまでは時間がかかるかもしれない。だが、あるべき姿を明確にしないといつまでもスタッフには無理な仕事をさせ、お客様には迷惑をかけ、離職や客数ダウンを招くことになる。

3　実際に取り組む

　あるべき姿を明確にしたら、それを皆が見えるようにして実際に運用してみよう。運用するうえでさまざまな良い点と課題点が見つかるだろう。良い点はそのままに課題点は改善することでよりよいスケジュールを組めるようになる。

Ⅲ　利益獲得法

8　店舗から徹底的に無駄を排除するチェック　　　「店舗で利益を獲得する」

　繰り返しだが、店長の仕事を一言でいうと「適正な利益を確保する」ことである。利益があるからこそ会社を存続・発展させることができ、私たちの待遇もよりよくしていける。
　利益を確保するにはちょっとしたことの積み重ねである。ちょっとした無駄をなくしていくことである。

【基本的な考え方】
　もうこれ以上は自分達では何もできないと言って何もしなければ何も変わらない。この状況を乗り越えるには本部・本社ができることは本部・本社にまかせ、店長である私たちができることを行っていくことである。
　店長である私たちができることは、もう一度店舗全体を見直し徹底的にムダをなくすことである。経費コントロールの原則は「売上に対して占める割合の高いコスト（経費）」から対応していくことである。それは人件費であり、売上原価である。これらができているうえで、さらに細かい無駄をなくしていくことだ。

【ムダをなくす】
　「利益＝売上－経費」である。利益を確保するには売上を上げるか経費を下げなければならない。なかなか売上アップが難しいなかでは特に経費の中のムダをなくすことについて考えていく必要がある。
　図表92のチェックシートをつけて欲しい。一つでも○がつかない箇所があ

るならば、まだあなたの店舗はムダをなくせる可能性がある。私たちが少し意識して取り組むことでムダをなくすことができる。

うちのお店にはムダはないと思うかもしれない。だがもう一度ひとつひとつ見直してみよう。いろいろな箇所にまだムダが眠っている可能性があるのだ。このムダな経費をなくせば、その分はそのまま利益となる。

図表92　店舗でできていることは○をつけましょう。

1	水光熱の全ての使用量を毎日計測している	
2	水光熱のムダがないか定期的に確認している	
3	消耗品の使用量を把握している	
4	什器類の破損数を記録している	
5	機器類のメンテナンスを定期的に行っている	
6	検品時に決められたルールがある	
7	商品等置く場所が決まっていて皆が分かるようになっている	
8	廃棄を全て記録している	
9	ロスをなくすための工夫をしている	
10	店舗スタッフに無駄を意識させる取組みを行っている	

※全てに○がつかなかった時には店舗にムダが眠っています。

【ムダをなくす：水光熱】

最初にみていくのは水光熱である。水光熱はちょっとしたことで効果が出やすいにもかかわらず、できていないことが多い。水光熱は人件費や売上原価についで売上に占める割合が高い経費である。水光熱コントロールは、①数値による把握、②改善活動の繰り返しである。

最初に行うのは、水道・ガス・電気の各メーターがどこにあるかを把握することである。メーターの位置すら分からないのではムダをなくすことは難しい。まずはメーターの位置を把握しよう。

次に水光熱の使用量の記録をつける（図表93）。これは、時間を決めて毎日行う。時間を決めないと数値のばらつきが出てきてしまい、その数値が正しいかどうかもわからなくなってしまう。無理なく毎日見ることができる時

Ⅲ 利益獲得法

図表93 水光熱チェック表

店舗名　　　　　　　　　　月

		先月末	1	2	3	4	5	6	7	8	9	10	11	12	13	14	15	16	17	18	19	20	21	22	23	24	25	26	27	28	29	30	31	月間使用量
水道	検針																																		
	使用量											水道メーターチェック時間　○時　使用量が○○以上または○○以下の時には責任者にすぐ報告すること																						
電気	検針																																	
	使用量																																	
電気:動力	検針											電気メーターチェック時間　○時　使用量が○○以上または○○以下の時には責任者にすぐ報告すること																						
	使用量																																	
ガス	検針											ガスメーターチェック時間　○時　使用量が○○以上または○○以下の時には責任者にすぐ報告すること																						
	使用量																																	
確認印																																		

間を設定することである。忙しい時間や作業などに追われる時間では継続することが難しい。確実に見ることのできる時間にすることだ。時間を決めたならば担当を決め必ず毎日確認できるようにしよう。

　最初のうちは担当者に店長であるあなたが声を掛けるなどして続けていけるようにしよう。担当者は数値の異常があればすぐに報告してもらう。その際に異常があればではなく、数値的に○○以上または○○以下の時には店長までとした方がわかりやすい。できるだけわかりやすくすることである。そして数値異常があったときには「水光熱チェックシート」を参考に考えられることを全てチェックする（図表94）。このチェックは定期的にみていくようにしよう。

【ムダをなくす：消耗品・什器】

　ムダをなくすことを考えた時に見落としがちなのが消耗品や什器である。消耗品は、ビニル袋、紙袋、おしぼり、紙ナフキンやはしなど、使うにつれて減ったりなくなったりする品物である。

　これらの管理はどうしているだろうか。保管がきくということもあり、おろそかにしがちである。そこで**使用数量を把握する**ことである。**最低でも月に一回は数量を把握**するようにしよう。そして、「前月末在庫＋今月仕入れ－今月末在庫」で使用量と金額を把握する（図表95）。

　計算すると実は何気にムダに使っているものが見えてくるのだ。袋関係ダスターやタオルペーパーなどが特にムダに使われていることが多い。それを把握するためにも数値で把握することだ。

　次に注意して欲しいのは什器（お皿・コップ等）である。これも数値で把握することである。図表96のように、それぞれの什器の種類と金額を記入した一覧表にする。そして、割った場合に数量を記入していく。最終的に月にどれだけ割れたのか、どのくらいの金額なのかを把握することができるし、スタッフに記入させることで金額も含めて意識させることができる。

　スタッフも皿一枚がいくらぐらいするのかを知らないことが多い。正確な

Ⅲ　利益獲得法

図表94　水光熱チェックシート

水光熱チェックシート

電気機器
- □電気機器のON・OFFスケジュールを熟知している。
- □アイドルタイムには必要のない電気機器を一般的に切るように従業員をトレーニングしている
- □使用していないダクトはOFFになっているか

冷凍・冷蔵庫
- □設定温度は適正か
- □内外部の表面にくぼみや穴はあいていないか
- □ドアパッキンは摩耗していないか
- □霜取りを定期的に行っているか
- □コンデンサーの掃除を行っているか
- □フィルターの掃除を行っているか

分電盤
- □分電盤の各スイッチの場所は明記してあるか
- □給排気ファンに異常はないか
- □ON・OFFシステムを活用しているか

照明器具
- □照明器具の掃除を定期的に行っているか
- □各セッションごとに配線し、必要に応じた照明のON・OFFは可能か
- □照明のON・OFFに関するルールがあるか

シンク
- □蛇口から水漏れはしていないか
- □水漏れはないか
- □シンクに必要以上に水を溜め込んでいないか

水光熱チェックシート

空調機器
- □空調のON・OFFスケジュールはできているか
- □冷暖房の運転は適正か
- □サーモスタットの調整は行っているか、またサーモスタットにほこりやグリースがついていないか
- □適正温度に設定されているか

屋外ユニット
- □全てのねじはきちんと絞めているか
- □コンデンサーフィンに曲がりはないか
- □コンデンサーフィン汚れや付着物はないか
- □メンテナンスは行っているか
- □フィン付近に障害物はないか
- □フィンにほこりや葉がついていないか

屋内ユニット
- □フィルターが汚れていないか
- □フィンの掃除はしてあるか

トイレ
- □トイレの水が必要以上に溢れていないか
- □ボルトアップは壊れていないか

客室照明
- □ルーバー及びライトの掃除を定期的に行っているか
- □場所にあったワット数の電球を使用しているか
- □各セッションごとに配線し、必要に応じて照明のON・OFFができるか
- □ON・OFFに関する説明はあるか

屋外照明コントロール
- □屋外照明には決められた電球が使われているか
- □閉店後直ちにOFFにしているか
- □開店前、早い時間からONにしていないか
- □照明に関する無駄はないか
- □照明の汚れはきちんと掃除しているか

事務所
- □冷暖房に無駄はないか
- □照明に関する無駄はないか
- □無駄なコンセントはつないでいないか

図表95　消耗品表

店名						年　　月　　日	
品　名	単位	前月末在庫	今月仕入	今月末在庫	使用料	単　価	使用金額
おしぼり	枚	4,000	16,000	3,000	17,000	20	340,000

　数字を知らないと、自分勝手におよそこのぐらいだろうと安く見積もってしまう。実際の金額を伝えることによって意識させ、什器の扱いを丁寧にすることができる。お皿もコップも決して安いものではない。

　同様にユニホーム関係も在庫を把握しておかないと管理がされず、紛失する等、無駄にしがちである。

【ムダをなくす：修繕費】

　店舗を運営する以上、修繕費は必要な経費である。ただ、ちょっとおかしくなったり調子が悪くなったりするとすぐに業者を呼ぶようでは最終的に修繕費がかさみ、利益を圧迫することになる。故障しやすいお店は定期的に機器類のメンテナンスをしていないことが多い。

　機器類が壊れにくくするために日頃からメンテナンスをすることである。クレンリネス表とは別にメンテナンス表（図表97）を作成し、常に機器類に手が入っている状態にすることである。機器類の調子の良し悪しや故障は普段の手入れで改善することが可能である。故障するのは当たり前ではなく、

Ⅲ 利益獲得法

図表96 什器破損表

什器名	単価	店舗名										月																						月間破損数	月間破損金額
		1	2	3	4	5	6	7	8	9	10	11	12	13	14	15	16	17	18	19	20	21	22	23	24	25	26	27	28	29	30	31		
皿A	3,500																																		
皿A	1,000																																		
皿A	850																																		
	確認印																																		

※1日5個以上破損した物がある場合は責任者に報告すること。

図表97　メンテナンス表

		4月	5月	6月	7月	8月	9月
月	エアコン						
	担当者						
火	冷蔵庫フィルター						
	担当者						
水							
	担当者						
木							
	担当者						
金							
	担当者						
土							
	担当者						
日							
	担当者						

故障しないように未然に防ぐことである。そのことによって修繕費も最低限におさえることができる。

【ムダをなくす：厨房】

　最後に厨房を見ていこう。飲食店や小売店で調理するスペースを持っているなら厨房でロスを徹底的になくすことである。ロス＝ムダである。ロスといってもいくつかある。これらをひとつずつなくしていくことである。

① 検品

　検品時のルールは決まっているだろうか。納品されたものが確認もされていないならば期限ギリギリの食材が入ってきたり、こちらの基準に合わないものが納品されたりしてしまうことがある。これはそのまま廃棄（ムダ）をつながる。検品時にはルールを決めて守るようにしていく。何を確認すれば

Ⅲ　利益獲得法

良いのかを一覧にして納品ごとに確認することである（図表98）。

②　定位置管理

　食材をはじめ物の置く場所は全て決まっているだろうか。置く場所が決まっていないといろいろな場所に同じ食材や物があり、結果として廃棄（ムダ）を出してしまうことにつながる。位置が決まっていないと、冷蔵庫や倉庫を掃除・整理したときに期限切れの食材が出てくるといったことにもなりかねない。

　定位置管理は基本中の基本である。置く場所を決め、どこに何を置くのかを誰もが分かるようにする（図表99）。そして、店長であるあなたが定位置管理の大切さ（なぜ必要か）を皆に伝えることと、定位置管理が守られているかどうか定期的に確認することである。この単純なことができるかどうかだけでもムダをなくすことができる。

③　食材廃棄

　飲食店の中で食材の廃棄は必ず出る。では、その廃棄を一つ残らず記録しているだろうか。何か食材を一つでも捨てた時には記録する仕組をつくることである。ひとつぐらい良いだろうとか、少しぐらい大丈夫だろうというのが積み重なると、いつまでたっても食材廃棄は少なくならない。目に見える形で記録をつけていくことである（図表100）。

　この記録表は1枚に全てをまとめるのではなく、それぞれの廃棄される場所ごとに置いていくとよい。廃棄した時にすぐに記入できることが大切である。最終的にはまとめて、どの食材の廃棄が多いのかを数値（廃棄数と廃棄金額）で把握する。廃棄数・廃棄金額が多いものについては皆に伝え、原因を探り、少なくしていく。

④　ポーション

　ポーション（量目）は経費に大きく影響する。決められたポーションが守

図表98

検品時チェックリスト

日時　　　月　　日　　時

業者名　　　　　　　　　　立会い担当者

チェック欄

全般	発注数は伝票数と合っているか？	
	梱包状態に問題はないか？	
	食品の製造日に問題はないか？	
冷凍品	解凍していないか？	
	再凍結していないか？	
	食品が割れたりしていないか？	
冷蔵品	梱包がぬれていないか？	
	常温にもどっていないか？	
	生鮮食品から異臭はしないか？	
	食品は変色していないか？	
	生鮮食品が新鮮といえるか？	
	卵は割れていないか？	

搬入時には次の3つを用いて確認しましょう。
1．発注書　2．納品書　3．現品

搬入時の確認ポイント
1．数の確認
2．価格の確認
3．品質の確認
4．日時の確認
5．場所の確認

Memo

Ⅲ　利益獲得法

図表99

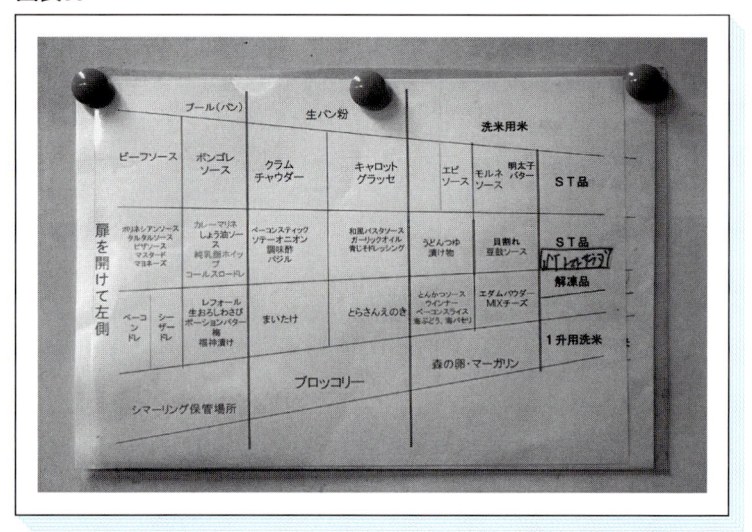

図表100

残材料名	単価	1	2	3	4	5	6	7	8	9	10	11	12	13	14	15	小計金額

食材廃棄管理表　平成　　年　　月

られなければ当然ムダが発生する。毎回の量がほんのわずかに多かったとしても、積み重なればかなりの量であり、金額となる。常に量目が守られるようにしよう。数字で表すよりも写真で見て一目で分かる方がポーションロスをなくしやすい（図表101）。また、定期的に抜き打ちで量目チェックを行い、ポーションが基準通りかどうかを確認する。

図表101

ポーション適正量（ライス）

写真よりも量が多くても・少なくても提供しないこと

⑤ 調理ミス

揚げすぎ、焼きすぎ、料理手順ミス等でもムダが発生する。基準を設けそれを徹底していくことである。揚げる時間を決めたならばタイマーを用いて時間を守らせるといったことが必要である（図表102）。また、調理時にも廃棄表を用いてミスの多い料理を特定しよう。その料理を定期的にトレーニングすることによって改善することができる。

厨房はちょっとしたことでムダを改善しやすい。ひとつひとつは大したことではなくても、積み重なれば大きくなる。守られる仕組を作ることである。

Ⅲ　利益獲得法

図表102

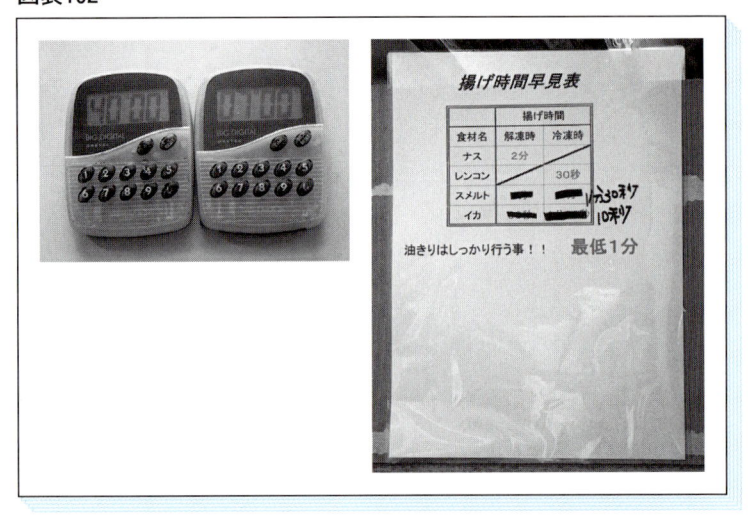

【流れにする】

今までムダについて見てきた。これらのムダを継続してなくすためには流れにすることである。例えば水光熱であれば、10時にメーターをチェックして、異常があれば責任者にすぐに報告する。責任者は原因を探り改善する。毎週火曜日には全ての項目を確認するといったように時間、曜日や進め方を単純な流れにする。

簡単なルールを決め流れにすることで継続していく。気付いた時に行うのではなく、常日頃できるようになって結果が出るのだ。

【まとめ】

私たちはまだまだムダを見落としていることが多い。また、知っていても行動しないこともある。店舗にはまだまだムダが眠っている。大げさな取り組みをしなくてもちょっとした行動の積み重ねでなくしていくことができる。少しずつの積み重ねが結果として利益へと変わっていく。

今まで見てきたなかで、できそうなことはすぐに取り組んで欲しい。取り

組み始めたならば継続していくことが大切である。継続するには流れにすることである。そして、何よりも大切なのは責任者である私たち自身が率先して行う。ちょっとしたことの積み重ねが結果へと変わるのだ。私たちにできることはまだまだある。

《ポイント》

1 流れをつくる

　もう一度全体を見直してムダを省けるところは省いていこう。案外見落としていることが店舗内にはある。それをどのようにチェックし改善するのかを流れにしてしまおう。

2 帳票類にする

　流れを確定するために帳票類を活用しよう。帳票はできるだけシンプルにすることである。複雑な帳票にすると結果として継続しない。こんなに単純でいいのかと思わせるぐらいに単純にすることである。

3 気付かせる

　ムダをしていることを案外スタッフは気付かないことが多い。それは帳票に記録しきちんと数字で示すことが大切である。数値で示さないと気付かない。気付かせることが大切なポイントである。そのためには個数とともに金額でも把握することが大切になる。

Ⅲ　利益獲得法

> すぐに使える簡単ツール⑨
> # 「ON・OFF システム」

目的（何のためのツールか）
　◇電気代のコントロール

メリット（使うことでどのような効果があるのか）
　◇節電ができる
　◇仕組みで行うことができる

　水光熱費も私たちがコントロールできる経費のひとつです。ちょっと行動すれば数値を変えることができるのですが、なかなか全スタッフで継続して取り組むとなると難しいところです。継続して取り組むための方法の一つがON・OFFシステムです。

　これは電気のコントロールを行うためのツールです。口で電気を節約しろと言ったり、節電する大切を伝えたりしても、その場は良くても、その後はなかなか続けられないことが起こったりします。これでは電気コントロールに関していかにトレーニングしても無駄になってしまいます。このツールを使うと新人スタッフもベテランスタッフも自然と節電ができるようになるものです。

　使い方は単純です。配電盤や電気スイッチのところに電気をつける時間やタイミングをわかるようにシールを貼るだけです。例えば、電気を常時ONにするものは黒のシール、営業時間のみ使うものは緑のシール、開店準備から閉店後全スタッフが退店するまでつけておくのが赤シールなど、ルールを決めて貼り出すだけです。スイッチの近くにそれぞれの色の意味を貼り出すのもポイントです。

　たったこれだけですが効果は抜群です。何度も同じことを言わなくても最初にルールを教えてしまえば、あとはできるようになります。店長のいない

図表103

時でも、日常的に節電することができるのです。例え、一人の人が守れなかったとしても他の人がフォローできます、守れていないスタッフを指導することができます。こちらが繰り返し同じことを指導しなくても自然と短時間に節電のための行動をとれるようになるのです。

電気管理のように単純なものは何度も言ったり何度も教えたりするよりもツールでできるようにしてしまうのが早いのです。

《ポイント》

1　一目で分かるようにする

　　一箇所にまとめわかりやすくすることです。赤のシールの意味はなんだったっけではなく、その意味も近くに貼り出し、一つの箇所で全てが完結するようにすることです。

2　単純なルールにする

　　ルールを複雑にしてしまうと継続しません。できるだけ単純にすることです。単純であればあるほど継続しやすくなります。

Ⅲ　利益獲得法

> すぐに使える簡単ツール⑩
> 「ロスチェック表」

目的（何のためのツールか）
　◇厨房内のロス（ムダ）をなくすことができる
メリット（使うことでどのような効果があるのか）
　◇厨房内のロスに気付き改善することができる
　◇スタッフに厨房内のロスを意識させることができる

　利益を確保するには売上アップとともに経費をコントロールすることが必要です。経費の中でも特に売上に対して占める割合が高い「売上原価」と「人件費」のコントロールを実施することです。「売上原価」を考えていきましょう。

　「売上原価」を適正にコントロールするにはいくつかの方法がありますが「ロス管理」を徹底することが一つです。ロスの管理ができているようでできていないこともあります。なんとなく、この食材のロスが多いなとか、今月は○○のロスが多いのではと感覚で判断していることはないでしょうか。これでは管理されているとは言えません。そこで「ロス管理表」を活用してみましょう。

　ロス管理表では調理ミスで廃棄したものや食材で廃棄したものを書き留めていき、最終的に月末でどの食材や料理の廃棄が多いのかを目に見える形にします。書き留める際には廃棄した直後に別の用紙に「正」の字で記入し、営業終了後ロスチェック表に転記すると進めやすくなります。このロスチェック表を用いて数字で把握することで、ロスの多い食材や料理を特定することができ改善へつなげることができます。

　また、もうひとつは金額に換算することも行います。すると、月ごとに廃棄する数量は少なくても金額的に大きな食材や料理を特定でき改善すること

8　店舗から徹底的に無駄を排除するチェック

図表104　ロスチェック表

月

原材料名	単価	1	2	3	4	5	6	7	8	9	10	11	12	13	14	15	小計	小計金額	16	17	18	19	20	21	22	23	24	25	26	27	28	29	30	31	合計	合計金額
トマト	30円	3	2	3	5	1	2	6	5	2	1	3	4	2	5	1	45	1,350																		
皮付きポテト	50円	2	0	5	0	2	3	2	4	0	5	3	5	1	4	2	38	1,900																		

料理名	単価	1	2	3	4	5	6	7	8	9	10	11	12	13	14	15	小計	小計金額	16	17	18	19	20	21	22	23	24	25	26	27	28	29	30	31	合計	合計金額
サラダ	325円	0	2	1	0	0	0	2	1	2	3	1	0	0	2	0	14	4,550																		

Ⅲ　利益獲得法

ができます。改善の優先順位としては、①ロスの数量もロス金額も多い食材・料理、②ロスの数量は多くないがロス金額が多い食材・料理です。

どうしてロスが起きるのか、どうすれば起きなくなるのかを考えて行動することで改善されていきます。また、ロスの数量や金額を見える形にすることでスタッフの方々にロス管理を強く意識させることができます。見えるようにすると案外皆が考えている以上にロスの数量が多かったり、ロス金額が高かったりしていることを感じさせること（気付かせること）もできるのです。

ちょっとした工夫で、まだまだ経費コントロールはできます。ロスの食材や料理を記入し、月末で数量をまとめるといった単純なことですが実施すると大きな効果があります。ぜひチャレンジしてください。そしてやり始めたならば徹底して継続してください。

《ポイント》

1　数字でロスの多い（量と金額）食材と料理を特定する

　　感覚ではなく、数字で把握することです。廃棄した食材や料理の数値を毎日記入していきます。ロスの数量だけでなく、金額にも換算します。数量も金額も多いものから改善していきましょう。感覚ではなく事実で追っていくことです。

2　目に見える形でスタッフの意識付けを行う

　　あなた自身が数字を把握していても意味がありません。スタッフの皆の目につくところに貼り出しましょう。ロスの食材や料理が数字で見えると知らず知らずのうちに気をつけなければと意識させることもできます。意識することでロスを減らすようにできるのです。

チェックシート

チェックシートを記入してみよう。
できていない箇所があったならば、それぞれの項目の街頭ページを読んでほしい。できていない箇所を順番に読んでも構わないし、気になるところから始めても構わない。

チェックシート

チェックシート：出来ているものに○をつけてください。
　　　　　　　○をひとつでも多くつけられるようにしましょう。

		項　目	チェック	該当箇所
スタンダード向上	1	お客様との良い関係をつくりリピーターを増やすことを行なっている		本書 12〜75頁
	2	お客様とのきっかけづくりをしている		
	3	お客様との信頼関係づくりをしている		
	4	お客様の声を集めている		
	5	アンケートハガキを実施し活用している		
	6	聞き取りアンケートを実施し活用している		
	7	お客様調査を実施し活用している		
	8	お客様の喜びの声を集め活用している		
	9	クレームを未然に防ぐことを行なっている		
	10	クレームを未然に防ぐことを仕組みにしている		
	11	クレーム事例を集め活用している		
	12	クレーム対応のトレーニングを行っている		
	13	クレーム対応のトレーニングを仕組みにしている		
	14	クレーム対応手順が誰もが分かるようになっている		
売上アップ法	15	自店舗の数値を把握している		本書 78〜127頁
	16	売上アップのための具体的な行動を考え実施している		
	17	売上アップのためのミーティングを実施している		
	18	売上アップに向けて店舗スタッフを巻き込んでいる		
	19	実施したことに対して結果を評価している		
	20	競合店を特定している		
	21	売上アップの行動をする前に店舗スタンダードチェックを実施し改善している		
	22	自店舗の状況を把握している		
	23	競合店調査を実施している		
	24	自店舗と競合店の分析を実施している		
	25	分析後目標設定を実施し行動している		
	26	繁盛店視察を実施し良い点を取り込んでいる		
	27	新規顧客を集める行動をしている		
	28	店舗認知性を高めることを実施している		
	29	店舗外観チェックを定期的に実施している		
	30	成功事例を集め活用している		
利益獲得法	31	人件費コントロールを実施している		本書 130〜162頁
	32	定期的に店舗の仕事内容を棚卸している		
	33	開店・閉店作業を見直し改善している		
	34	一日の仕事を見直し改善している		
	35	水光熱を管理し改善している		
	36	消耗品・什器を管理し改善している		
	37	機器類のメンテナンスを定期的に実施している		
	38	厨房がある店舗は厨房内のムダをなくすことを実施している		

おわりに

　シリーズの第五弾は「売上・利益獲得」をテーマにみてきた。
　店長であるあなたの仕事を一言で言うと「適正利益を獲得し続ける」ことである。そのためには売上を獲得しなければならない。
　今回のテーマは店長の仕事である売上・利益獲得についての具体的な方法を見てきた。だが、忘れないでほしいのは「売上・利益」はあくまで結果ということである。大前提としては来られたお客様に満足していただくことがポイントになる。お客様に満足していただくために、人を揃えて定着させる、そして、一人ひとりを教育・訓練していくことが大切なのだ。つまり、今まで見てきた第1弾から第4弾までの内容（土台）がお店（会社）でできていることが大切なのだ。土台がしっかりしていなければいくら「売上・利益獲得」の行動をとったとして一時的には数値が出たとしても継続しての「売上・利益獲得」は難しくなるだろう。
　お客様に満足していただくことをおろそかにするとお客様の信頼と信用をなくし売上・利益は減少するだけである。この第5弾に取り組む際には土台作りも合わせて行って欲しい。
　このシリーズを読まれた方は内容が基本的なことと感じた方もいるかもしれない。厳しい時代だからこそ、基本を徹底して行える店舗・会社が生き残るのである。ぜひ、本シリーズを活用し全てのことができているお店にしてもらいたい。この内容はどれか一つ欠けただけでも意味がなくなる。全てができて初めて土台が固まる強いお店にすることができるのだ。

【誰もが認める実力店長シリーズの最後に】

　この本をもって誰もが認める実力店長シリーズは完結である。店長の仕事をひとつひとつひもとき、店長が行う業務を具体的にみてきた。この本を活

用することによって店長・店長候補を短期で育成することができ、また店長のさらなるレベルアップにより実力店長へとなることができるだろう。

　最後にシリーズ全体のチェックシートをのせる。もし気になる箇所があったならばその箇所を読み直してもらいたい。結果を出すには最後は行動することである。行動すれば必ず結果が出る、行動しなければ何の結果も得られない。1つでも構わないので今すぐに行動しよう。

　この本を活かして結果を出すのはあなた次第である。

[誰もが認める実力店長シリーズ]

※該当する項目があるならそれぞれに対応した本を参照ください。

	項　　目	参考図書	
1	パート・アルバイトを集めたい	実力店長のパート・アルバイト採用編	シリーズ①
2	早期退職をなくしたい		
3	パート・アルバイトの集まりのばらつぎをなくしたい		
4	採用コストを少なくしたい		
5	採用時のばらつきをなくしたい		
6	効果的な面接の仕方を知りたい		
7	オリエンテーションのやり方を知りたい		
8	退職時の対応の仕方を知りたい		
9	パート・アルバイトを短時間で育てたい	実力店長のパート・アルバイトトレーニング編	シリーズ②
10	初期トレーニングの効果的な方法を知りたい		
11	トレーニングにばらつきをなくしたい		
12	クレンリネスが徹底したい		
13	気配りできるスタッフを育てたい		
14	やるきあるスタッフを育成したい		
15	スタッフの評価制度をつくりたい		
16	スタッフの評価制度を運用したい		
17	店長を短期育成したい	実力店長の社員トレーニング編	シリーズ③
18	部下を計画的にそだてたい		
19	部下を短期間で育成したい		
20	店長業務を具体的に理解したい		
21	店長のレベルアップ法を知りたい		
22	スタッフとの良い関係をつくりたい	実力店長の店舗内活性化編	シリーズ④
23	店舗の人間関係を良くしたい		
24	お客様との上手な会話法を知りたい		
25	短期間で信頼関係を作れる方法を知りたい		
26	スタッフをほめ方を知りたい		
27	スタッフの叱り方を知りたい		
28	スタッフのモチベーションをあげたい		
29	店舗でのこじれる会話をなくしたい		
30	コミュニケーションをよくするツールを知りたい		
31	お客様の声を聞く方法を知りたい	実力店長の売上・利益獲得編	シリーズ⑤
32	顧客満足度の上げ方を知りたい		
33	クレームを未然に防止したい		
34	クレームが起きた時の対応法を仕組みにしたい		
35	売上アップのためのミーティング方法を知りたい		
36	新規のお客様の獲得法を知りたい		
37	利益アップのための人件費コントロールを行ないたい		
38	店舗のムダをなくしたい		

●著者紹介

　㈱ディー・アイ・コンサルタンツ

平成3年設立。成功の入り口である「高精度売上予測」と運営の要である「実力店長短期育成」を両輪としてコンサルティング活動を開始。これまでに数多くの大手飲食・小売・サービス業のチェーンに対する売上予測システム構築、売上予測調査、実力店長短期育成システム構築を行い、高い評価を得ている。

　現住所：〒101-0032
　　　　　東京都千代田区岩本町3-9-13
　　　　　寿共同ビル3F
　　TEL：03-5833-8588
　　FAX：03-5833-8589
　　http://www.di-c.co.jp

2011年7月24日　第1刷発行

誰もが認める実力店長シリーズ⑤
実力店長の売上・利益獲得編

編著者　Ⓒ　ディー・アイ・コンサルタンツ
発行者　　　脇　坂　康　弘

発行所　㈱同友館　　東京都文京区本郷6-16-2
　　　　　　　　　　郵便番号113-0033
　　　　　　　　　　TEL 03（3813）3966
　　　　　　　　　　FAX 03（3818）2774
　　　　　　　　　　www.doyukan.co.jp

乱丁・落丁はお取り替えいたします　●印刷／三美印刷　●製本／松村製本所
ISBN 978-4-496-04565-3　　　　　　　　　　　　　Printed in Japan

本書の内容を無断で複製(コピー)、引用することは特定の場合を除き、著作者・出版社の権利侵害となります。

DIC編著「誰もが認める実力店長シリーズ」①〜⑤

誰もが認める実力店長シリーズ・①

実力店長の
パート・アルバイト
採用編
定価1,680円（税込）　A5判・並製・2色刷

誰もが認める実力店長シリーズ・②

実力店長の
パート・アルバイト
トレーニング編
定価1,680円（税込）　A5判・並製・2色刷

誰もが認める実力店長シリーズ・③

実力店長の
社員トレーニング編
定価1,680円（税込）

誰もが認める実力店長シリーズ・④

実力店長の
店舗内活性化編
定価1,680円（税込）

誰もが認める実力店長シリーズ・⑤

実力店長の
売上・利益獲得編
定価1,680円（税込）

同友館